Leichte Küche

Parragon

Bath · New York · Singapore · Hong Kong · Cologne · Delhi · Melbourne

Parragon Books Ltd
Queen Street House
4 Queen Street
Bath BA1 1HE, UK

Realisation der deutschen Ausgabe: trans texas publishing, Köln
Übersetzung aus dem Englischen: Uta Hasekamp, Bonn
Projektleitung & Lektorat: Doris Hansmann, Köln

HINWEIS

Sind Zutaten in Löffelmengen angegeben, ist immer ein gestrichener Löffel gemeint. Ein Teelöffel entspricht 5 ml, ein Esslöffel 15 ml. Sofern nichts anderes angegeben ist, wird Vollmilch (3,5 % Fett) verwendet. Bei Eiern und einzelnen Gemüsesorten, z. B. Kartoffeln, verwenden Sie mittelgroße Exemplare. Pfeffer sollte stets frisch gemahlen werden. Sofern die Schale von Zitrusfrüchten benötigt wird, verwenden Sie unbedingt unbehandelte Früchte.

Kinder, ältere Menschen, Schwangere, Kranke und Rekonvaleszenten sollten auf Gerichte mit rohen oder nur leicht gegarten Eiern verzichten.

ISBN 978-1-4075-8348-8

Printed in Malaysia

Inhalt

ECKART WITZIGMANN

✱ KOCH DES JAHRHUNDERTS ✱

Eckart Witzigmann lebt und beherrscht die Kunst des Kochens seit nunmehr 45 Jahren. Weltweit gilt er als einer der renommiertesten Sterneköche, Kochbuchautoren und Gastronomie-Experten. „Koch des Jahrhunderts" ist nur eine von zahlreichen Auszeichnungen, die ihm über die Jahre im In- und Ausland verliehen wurden.

Liebe Leser,

mit dem Kauf dieses Buches haben Sie eine richtige Entscheidung getroffen – die Entscheidung, selbst zu kochen und sich mehr mit dem Thema Ernährung zu beschäftigen. Dazu kann ich Ihnen nur gratulieren und hoffe deshalb, dass dieses Buch Ihnen dabei ein wichtiger Wegbegleiter sein wird.

Zu all den hilfreichen Hinweisen, die Sie in diesem Buch finden, möchte ich Ihnen aber noch zwei weitere Ratschläge mit auf den Weg geben: Bitte denken Sie immer daran, dass noch kein Meister vom Himmel gefallen ist und nur die Übung eben diesen Meister macht. Ich selbst habe das im Laufe meiner eigenen Kochkarriere auch immer wieder feststellen müssen.

Sie werden nach einiger Zeit sicher bemerken, wie spannend Kochen sein kann, wie viel Spaß man damit haben kann und wie sehr Sie selbst zu Ihrem eigenen Wohlbefinden beitragen können.

In diesem Sinne wünsche ich Ihnen viel Erfolg am heimischen Herd und verbleibe in kulinarischer Verbundenheit

Ihr

EW

Eckart Witzigmann

ECKART WITZIGMANN

Suppen & Vorspeisen

Suppen sind einfach zuzubereiten, schmecken aber immer gut. Es gibt eine enorme Vielfalt an Gemüsesuppen. Sie können gehaltvoll und cremig sein, dick und mit Gemüsestücken, leicht und delikat, heiß oder kalt. Häufig wird das Gemüse püriert, um die Suppe glatt und dick zu machen, aber Sie können auch nur einen Teil der Mischung pürieren, was die Suppe interessanter macht. Außer Gemüse können viele weitere Zutaten verwendet werden - eine gute Wahl sind Hülsenfrüchte, Körner, Nudeln, Käse und Joghurt. Und wenn eine bestimmte Zutat gerade nicht vorrätig ist, lässt sie sich leicht ersetzen.

Vorspeisen sind ein bedeutender Teil jeder Mahlzeit, sie stimmen auf die folgenden Gänge ein und regen den Appetit an. Deshalb sollten sie geschmacksintensiv sein, sich aber gut mit dem Folgenden ergänzen. Außerdem sollten sie nicht zu sättigend sein, wenn ein reichhaltiges Hauptgericht serviert wird. Sie können auch schon einige der Zutaten enthalten, die später Verwendung finden.

Dementsprechend enthält dieses Kapitel eine Vielzahl köstlicher Suppen für alle Gelegenheiten und eine große Auswahl an Vorspeisen verschiedener Herkunft, ob orientalisch, indisch oder mediterran - alle bieten einen wundervollen Auftakt für eine Mahlzeit.

Gemischte Bohnensuppe

Für 4 Personen

ZUTATEN

1 EL Pflanzenöl
1 rote Zwiebel, halbiert und in Ringe geschnitten
100 g Kartoffeln, gewürfelt
1 Karotte, gewürfelt
1 Porreestange, in Ringe geschnitten
1 grüne Chili, in Ringe geschnitten
3 Knoblauchzehen, zerdrückt
1 TL gemahlener Koriander
1 TL Chilipulver
1 l Gemüsebrühe
450 g gemischte Bohnen aus der Dose, z. B. rote Kidneybohnen, Borlottibohnen, Augenbohnen oder Flageoletbohnen, abgetropft
Salz und Pfeffer
2 EL frischer gehackter Koriander, zum Garnieren

1 Das Öl in einem großen Topf erhitzen, Zwiebel, Kartoffeln, Karotten und Porree dazugeben. 2 Minuten unter Rühren andünsten, bis die Gemüsestücke etwas weich geworden sind.

2 Chili und Knoblauch zugeben und eine weitere Minute dünsten.

3 Gemahlenen Koriander, Chilipulver und Gemüsebrühe hineinrühren.

4 Die Suppe zum Kochen bringen, die Hitze reduzieren und 20 Minuten kochen, bis das Gemüse weich ist.

5 Die Bohnen zufügen, gut mit Salz und Pfeffer abschmecken und weitere 10 Minuten unter gelegentlichem Rühren kochen.

6 Die Suppe in eine Schüssel oder in Portionsschalen geben, mit dem gehackten Koriander garnieren und servieren.

TIPP

Servieren Sie die Suppe mit warmem Maisbrot.

Gemüse-Mais-Chowder

Für 4 Personen

ZUTATEN

1 EL Pflanzenöl
1 rote Zwiebel, gewürfelt
1 rote Paprika, gewürfelt
3 Knoblauchzehen, zerdrückt
1 große Kartoffel, gewürfelt
2 EL Mehl
600 ml Milch
300 ml Gemüsebrühe
50 g Brokkoliröschen
300 g Mais aus der Dose, abgetropft
75 g vegetarischer Cheddar, gerieben
Salz und Pfeffer
1 EL frischer gehackter Koriander, zum Garnieren

1 Das Öl in einem großen Topf erhitzen, Zwiebel, Paprika, Knoblauch und Kartoffel 2–3 Minuten unter Rühren andünsten.

2 Das Mehl zugeben und 30 Sekunden kochen. Milch und Brühe einrühren und die Flüssigkeit andicken lassen.

3 Brokkoli und Mais zufügen. Die Mischung zum Kochen bringen, die Hitze reduzieren, etwa 20 Minuten köcheln lassen.

4 50 g Käse einrühren und schmelzen.

5 Mit Salz und Pfeffer abschmecken und den Chowder in eine vorgewärmte Schüssel geben. Mit dem übrigen Käse und dem Koriander garnieren und servieren.

TIPP

Vegetarischer Käse wird mit mikrobiellen oder Pilzenzymen, nicht mit von Tieren gewonnenem Lab hergestellt.

TIPP

Um eine richtige Creme zu erhalten, fügen Sie zusätzlich zur Milch ein wenig Sahne zu.

Blumenkohl-Brokkoli-Suppe mit Gruyère

Für 4 Personen

ZUTATEN

3 EL Pflanzenöl
1 rote Zwiebel, gehackt
2 Knoblauchzehen, zerdrückt
300 g Blumenkohlröschen
300 g Brokkoliröschen
1 EL Mehl
600 ml Milch
300 ml Gemüsebrühe
75 g vegetarischer Gruyère, gerieben
1 Msp. Paprikapulver
150 ml Sahne
Paprika und vegetarische Gruyèreraspel, zum Garnieren

1 Das Öl in einem großen Topf erhitzen, Zwiebel, Knoblauch, Blumenkohl und Brokkoli 3–4 Minuten unter ständigem Rühren andünsten. Das Mehl zugeben und unter Rühren eine weitere Minute kochen.

2 Milch und Gemüsebrühe hineinrühren und zum Kochen bringen. Die Hitze reduzieren und 20 Minuten köcheln.

3 Ein Viertel des Gemüses aus dem Topf nehmen und beiseitestellen.

4 Die übrige Suppe 30 Sekunden lang in der Küchenmaschine glatt pürieren. In einen sauberen Topf füllen.

5 Gemüsestücke wieder in die Suppe geben.

6 Käse, Paprika und Sahne einrühren und 2–3 Minuten langsam erhitzen, aber nicht kochen, bis der Käse zu schmelzen beginnt.

7 In vorgewärmte Suppenteller füllen, mit den Gruyèreraspeln und Paprikapulver garnieren.

TIPP

Nachdem die Sahne zugefügt wurde, darf die Suppe nicht mehr kochen, da sie sonst gerinnt Sie können stattdessen auch Naturjoghurt verwenden, dürfen aber auch diesen nicht kochen.

Suppe mit Sellerie, Stilton & Walnüssen

Für 4 Personen

ZUTATEN

50 g Butter
2 Schalotten, gehackt
3 Selleriestangen, in Scheiben
1 Knoblauchzehe, zerdrückt
2 EL Mehl
600 ml Gemüsebrühe
300 ml Milch
150 g Stilton, zerbröckelt, und etwas Stilton, zum Garnieren
2 EL Walnusskerne, grob gehackt
150 g Naturjoghurt
Salz und Pfeffer
gehackte Sellerieblätter, zum Garnieren

1 Die Butter in einem großen Topf schmelzen, Schalotten, Sellerie und Knoblauch 2–3 Minuten andünsten, bis sie weich sind.

2 Das Mehl zufügen und 30 Sekunden kochen.

3 Gemüsebrühe und Milch nach und nach zugeben und zum Kochen bringen.

4 Hitze reduzieren, bis die Suppe nur noch leise köchelt, Stilton und Walnüsse zugeben. Den Topf schließen und die Suppe 20 Minuten köcheln lassen.

5 Den Naturjoghurt einrühren und 2 Minuten erhitzen, ohne die Suppe zum Kochen zu bringen.

6 Die Suppe salzen und pfeffern und in eine vorgewärmte Schüssel oder in Teller füllen. Mit zerbröckeltem Stilton garnieren und sofort servieren.

TIPP

Nüsse enthalten Proteine, Vitamine und wertvolle Fette und verleihen den Gerichten ein besonderes Aroma und eine besondere Konsistenz.

VARIATION

Sie können auch andere Käsesorten wie Dolcelatte, Gorgonzola oder einen herzhaften Cheddar verwenden.

Pastinakensuppe mit Curry

Für 4 Personen

ZUTATEN

1 EL Pflanzenöl
1 EL Butter
1 rote Zwiebel, geachtelt
3 Pastinaken, gewürfelt
2 Knoblauchzehen, zerdrückt
2 TL Garam Masala
$^1/_2$ TL Chilipulver
1 EL Mehl
850 ml Gemüsebrühe
geriebene Schale und Saft einer Zitrone
Salz und Pfeffer
einige Streifen Zitronenzesten, zum Garnieren

1 Öl und Butter in einem großen Topf erhitzen.

2 Zwiebel, Pastinaken und Knoblauch zugeben und unter Rühren 5–7 Minuten andünsten.

3 Garam Masala und Chilipulver zufügen und unter häufigem Rühren 30 Sekunden kochen.

4 Das Mehl einstreuen, gut unterrühren und 30 Sekunden kochen.

5 Brühe, geriebene Zitronenschale und Saft einrühren, zum Kochen bringen. Die Hitze reduzieren und 20 Minuten köcheln lassen.

6 Einige der Gemüsestücke mit einem Schaumlöffel herausnehmen und beiseitestellen. Die übrige Suppe 1 Minute in der Küchenmaschine glatt pürieren.

7 Die Suppe in einen sauberen Topf füllen und die beiseitegestellten Gemüsestücke zugeben. 2 Minuten durcherhitzen.

8 Die Suppe salzen und pfeffern und in Suppenschälchen füllen, mit Zitronenschale garnieren und servieren.

VARIATION

Verwenden Sie eine mittelgroße Orange anstelle der Zitrone und garnieren Sie die Suppe mit der Schale.

Topinambursuppe

Für 4 Personen

ZUTATEN

675 g Topinambur
5 EL Orangensaft
25 g Butter
1 Porreestange, in Ringe geschnitten
1 Knoblauchzehe, zerdrückt
300 ml Gemüsebrühe
150 ml Milch
2 EL gehackter Koriander
150 g Naturjoghurt
einige Streifen Orangenzesten, zum Garnieren

1 Den Topinambur säubern und mit 2 EL Orangensaft und Wasser in einen großen Topf geben, sodass er bedeckt ist. 20 Minuten kochen, bis der Topinambur weich ist.

2 Kochflüssigkeit abgießen, 425 ml davon zurückbehalten. Den Topinambur abkühlen lassen.

3 Den abgekühlten Topinambur schälen, in eine große Schüssel füllen und mit einem Kartoffelstampfer zerdrücken.

4 Die Butter in einem großen Topf schmelzen, Porree und Knoblauch 2–3 Minuten andünsten.

5 Topinamburmasse, zurückbehaltene Flüssigkeit, Gemüsebrühe, Milch und restlichen Orangensaft zugeben. Zum Kochen bringen, Hitze reduzieren und 2–3 Minuten köcheln lassen.

6 Einige der Porreeringe mit einem Schaumlöffel aus der Suppe nehmen und beiseitestellen. Die übrige Suppe 1 Minute in der Küchenmaschine glatt pürieren.

7 Die Suppe umfüllen und beiseitegestellte Porreeringe, Koriander, Orangenschale und Joghurt einrühren.

8 In Portionsschalen füllen, garnieren und servieren.

VARIATION

Wenn Topinambur nicht erhältlich ist, kann er durch Süßkartoffeln ersetzt werden.

Rote Paprika-Chili-Suppe

Für 4 Personen

ZUTATEN

- 225 g rote Paprika, entkernt und in Streifen geschnitten
- 1 Zwiebel, in Ringen
- 2 Knoblauchzehen, zerdrückt
- 1 grüne Chili, klein gehackt
- 300 ml passierte Tomaten
- 600 ml Gemüsebrühe
- 2 EL gehacktes Basilikum
- frische Basilikumblätter, zum Garnieren

1 Paprika, Zwiebel, Knoblauch, Chili, Tomaten und Gemüsebrühe in einen Topf geben, unter häufigem Rühren zum Kochen bringen.

2 Die Hitze reduzieren, sodass die Suppe nur noch köchelt. 20 Minuten kochen, bis die Paprika weich ist. Flüssigkeit und Gemüsestücke voneinander trennen.

3 Die Gemüsestücke mit Hilfe eines Löffels durch ein Sieb passieren oder in der Küchenmaschine glatt pürieren.

4 Die Gemüsemasse zusammen mit der Flüssigkeit in einen sauberen Topf füllen. Basilikum zugeben und die Suppe erhitzen. Mit frischen Basilikumzweigen garnieren und servieren.

TIPP

Basilikum ist ein wertvolles Gewürz, das man leicht in einem Blumentopf auf der Fensterbank ziehen kann.

VARIATION

Diese Suppe schmeckt auch kalt köstlich, wenn 150 g Naturjoghurt untergerührt werden.

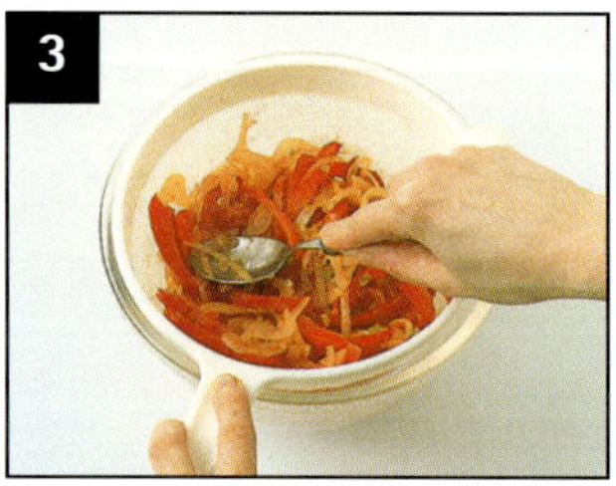

Avocado-Gemüse-Suppe

Für 4 Personen

ZUTATEN

1 große, reife Avocado
2 EL Zitronensaft
1 EL Pflanzenöl
50 g Mais aus der Dose, abgetropft
2 Tomaten, enthäutet und entkernt
1 Knoblauchzehe, zerdrückt
1 Porreestange, in Ringe geschnitten
1 rote Chili, klein gehackt
425 ml Gemüsebrühe
150 ml Milch
Porreeringe, zum Garnieren

1 Die Avocado schälen und mit einer Gabel zerdrücken, den Zitronensaft untermischen und beiseitestellen.

2 Das Öl in einer Pfanne erhitzen, Mais, Tomaten, Knoblauch, Porree und Chili 2–3 Minuten andünsten, bis das Gemüse weich ist.

3 Die Hälfte der Gemüsemischung mit der Avocado in eine Küchenmaschine geben und glatt pürieren. In einen sauberen Topf füllen.

4 Gemüsebrühe, Milch und die nicht pürierte Hälfte der Gemüsemischung zugeben und bei schwacher Hitze 3–4 Minuten kochen. Garnieren.

TIPP

Um den Stein aus der Avocado zu entfernen, schneiden Sie mit einem scharfen Messer die Frucht zunächst in 2 Hälften, stechen mit der Messerspitze tief in den Kern und heben ihn aus der Fruchthälfte, indem Sie das Messer dabei drehen.

TIPP

Wenn die Suppe kalt serviert werden soll, rühren Sie die Brühe und die Milch hinein und lassen sie abgedeckt mindestens 4 Stunden im Kühlschrank abkühlen.

1

2

4

Spanische Tomatensuppe mit Knoblauch-Croutons

Für 4 Personen

ZUTATEN

4 EL Olivenöl
1 Zwiebel, gewürfelt
3 Knoblauchzehen, zerdrückt
1 grüne Paprika, gewürfelt
$^1/_2$ TL Chilipulver
450 g Tomaten, gewürfelt
225 g Weißbrot, gewürfelt
1 l Gemüsebrühe

KNOBLAUCHBROT:
4 Scheiben Ciabatta oder Weißbrot
4 EL Olivenöl
2 Knoblauchzehen, zerdrückt
25 g vegetarischer Cheddar, gerieben
Chilipulver, zum Garnieren

1 Das Olivenöl in einer großen Pfanne erhitzen, Zwiebel, Knoblauch und Paprika zugeben. Das Gemüse 2–3 Minuten andünsten, bis die Zwiebel weich ist.

2 Chilipulver und Tomaten zugeben; bei mittlerer Hitze kochen, bis die Flüssigkeit dicker geworden ist.

3 Brotwürfel und Brühe einrühren, 10–15 Minuten einkochen, bis die Suppe sämig ist.

4 Für das Knoblauchbrot Brotscheiben toasten. Öl auf das Brot träufeln, mit Knoblauch einreiben, mit Käse bestreuen und 2–3 Minuten unter den Grill schieben, bis der Käse geschmolzen ist. Mit Chilipulver bestäuben und zur Suppe servieren.

VARIATION

Sie können nach Belieben die grüne durch eine rote Paprika ersetzen.

Favabohnen-Minze-Suppe

Für 4 Personen

ZUTATEN

- 2 EL Olivenöl
- 1 rote Zwiebel, klein geschnitten
- 2 Knoblauchzehen, zerdrückt
- 2 Kartoffeln, gewürfelt
- 450 g Tiefkühlfavabohnen, aufgetaut
- 850 ml Gemüsebrühe
- 2 EL frische gehackte Minze
- frische Minzezweige und Joghurt, zum Garnieren

1 Das Olivenöl in einem großen Topf erhitzen, Zwiebel und Knoblauch 2–3 Minuten andünsten, bis sie weich und glasig sind.

2 Die Kartoffeln zufügen und 4 Minuten unter häufigem Rühren mitkochen.

3 Bohnen und Gemüsebrühe zugeben, bei geschlossenem Topf etwa 30 Minuten köcheln lassen, bis die Bohnen und Kartoffeln weich sind.

4 Einige Gemüsestücke mit einem Schaumlöffel herausnehmen und beiseitestellen. Die übrige Suppe in einer Küchenmaschine glatt pürieren.

5 Die Suppe in einen sauberen Topf füllen und beiseitegestellte Gemüsestücke und Minze zugeben. Langsam erhitzen.

6 Die Suppe in Schalen geben. Mit Joghurt und Minze garnieren und sofort servieren.

VARIATION

Würzen Sie nach Belieben die Suppe mit frischem Koriander und 1/2 TL gemahlenem Kreuzkümmel.

Knusprige Kartoffelschalen

Für 4 Personen

ZUTATEN

4 große Kartoffeln
2 EL Pflanzenöl
4 TL Salz
150 ml saure Sahne und 2 EL gehackter Schnittlauch, zum Garnieren

SALAT AUS BOHNENSPROSSEN:
50 g Bohnensprossen
1 Selleriestange, in Scheiben
1 Orange, geschält und in Spalten
1 roter Apfel, gewürfelt
$^{1}/_{2}$ rote Paprika, gewürfelt
1 EL gehackte Petersilie
1 EL helle Sojasauce
1 EL klarer Honig
1 kleine Knoblauchzehe, zerdrückt

BOHNENFÜLLUNG:
100 g gemischte Bohnen aus der Dose, abgetropft
1 Zwiebel, halbiert und in Scheiben geschnitten
1 Tomate, gewürfelt
2 Frühlingszwiebeln, klein geschnitten
2 TL Zitronensaft
Salz und Pfeffer

1 Die Kartoffeln säubern und auf ein Backblech legen. Mit einer Gabel mehrmals einstechen und mit Öl und Salz gut einreiben.

2 Im vorgeheizten Ofen (200 °C) 1 Stunde backen, bis die Kartoffeln gar sind.

3 Kartoffeln längs durchschneiden und Fleisch herausnehmen, sodass eine 1 cm dicke „Wand" bleibt. Diese mit der Schale nach oben weitere 10 Minuten backen, bis sie knusprig sind.

4 Die Zutaten für den Salat aus Bohnensprossen in einer Schüssel mischen, Sojasauce, Honig und Knoblauch sollen die Gemüsestücke überziehen.

5 Die Zutaten für die Bohnenfüllung in einer Schüssel mischen.

6 Saure Sahne und Schnittlauchröllchen mischen.

7 Die Kartoffelhälften mit beiden Mischungen füllen und heiß servieren, garniert mit Schnittlauch und der Sauce aus saurer Sahne.

Bruschetta mit Tomaten, Oliven & Mozzarella

Für 4 Personen

ZUTATEN

8 Scheiben Ciabatta
4 Knoblauchzehen, zerdrückt
2 EL Butter
1 EL gehacktes Basilikum
4 große, reife Tomaten
1 EL Tomatenmark
8 schwarze Oliven, halbiert und entsteint
Salz und Pfeffer
50 g Mozzarella, in Scheiben
frische Basilikumblätter, zum Garnieren

DRESSING:
1 EL Olivenöl
2 TL Zitronensaft
1 TL klarer Honig

1 Die Ciabattascheiben 2–3 Minuten unter dem Grill anrösten, bis sie goldbraun sind.

2 Knoblauch, Butter und Basilikum mischen und die Ciabatta damit bestreichen.

3 Tomaten am unteren Ende kreuzförmig einkerben. Kurze Zeit in kochendes Wasser geben, damit sie leicht zu schälen sind. Mit einer Gabel wieder herausnehmen und die Haut abziehen. Das Tomatenfleisch in Stücke hacken und mit Tomatenmark, Oliven und Pfeffer und Salz mischen. Die Mischung auf die Ciabatta aufteilen.

4 Die Zutaten für das Dressing mischen und auf die Ciabatta träufeln. Mit den Mozzarellascheiben bedecken.

5 Die Ciabatta ein weiteres Mal 1–2 Minuten unter den Grill schieben, bis der Käse schmilzt.

6 Mit den Basilikumblättern garnieren und sofort servieren.

VARIATION

Balsamessig statt Zitronensaft im Dressing verleiht dem Gericht einen typisch mediterranen Geschmack.

Linsenterrine

Für 4 Personen

ZUTATEN

1 EL Pflanzenöl und etwas Öl, zum Einfetten
1 Zwiebel, gehackt
2 Knoblauchzehen, zerdrückt
1 TL Garam Masala
½ TL gemahlener Koriander
850 ml Gemüsebrühe
175 g rote Linsen
1 kleines Ei
2 EL Milch
2 EL Mangochutney
2 EL gehackte Petersilie und etwas Petersilie, zum Garnieren
Salatblätter und warmer Toast, zum Servieren

1 Das Öl in einem Topf erhitzen, Zwiebel und Knoblauch 2–3 Minuten andünsten, Gewürze zugeben und weitere 30 Sekunden erhitzen.

2 Gemüsebrühe und Linsen zugeben und zum Kochen bringen. Die Hitze reduzieren und 20 Minuten köcheln lassen. Vom Herd nehmen und die überschüssige Flüssigkeit abgießen.

3 Die Mischung in eine Küchenmaschine geben, Ei, Milch, Mangochutney und Petersilie zugeben. Glatt pürieren.

4 Den Boden einer kleinen Kastenform einfetten und mit Backpapier auslegen, die Mischung hineingeben und glatt streichen. Abdecken und im vorgeheizten Ofen (200 °C) 40–45 Minuten backen, bis der Teig fest ist.

5 20 Minuten abkühlen lassen, dann im Kühlschrank vollständig erkalten lassen.

6 Auf eine Servierplatte stürzen, in Scheiben schneiden und garnieren. Mit Salat und Toast servieren.

VARIATION

Geben Sie der Terrine mit Chilipulver oder chinesischem Fünf-Gewürze-Pulver sowie Tomaten- oder Zwiebelrelish einen anderen Geschmack.

2

3

4

Gegrilltes Gemüse auf Toasties

Für 4 Personen

ZUTATEN

1 rote Zwiebel, geachtelt
1 Aubergine, halbiert und in Scheiben geschnitten
1 gelbe Paprika, in Streifen geschnitten
1 Zucchini, in Scheiben geschnitten
4 EL Olivenöl
1 EL Knoblauchessig
2 EL Wermut
2 Knoblauchzehen, zerdrückt
1 EL gehackter Thymian
2 TL brauner Zucker
4 Toasties, halbiert

SAUCE:
2 EL Butter
1 EL Mehl
150 ml Milch
85 ml Gemüsebrühe
75 g Cheddar, gerieben
1 TL körniger Senf
3 EL gehackte gemischte Kräuter
Salz und Pfeffer

1 Das Gemüse in einer flachen Auflaufform verteilen. Öl, Essig, Wermut, Knoblauch, Thymian und Zucker mischen und über das Gemüse gießen. 1 Stunde marinieren.

2 Die Gemüsestücke auf ein Backblech geben. Im vorgeheizten Ofen (200 °C) 20–25 Minuten backen, bis das Gemüse weich ist.

3 In der Zwischenzeit die Sauce zubereiten: Die Butter in einem kleinen Topf schmelzen und das Mehl zugeben. Nach 1 Minute vom Herd nehmen. Milch und Gemüsebrühe hineinrühren, den Topf wieder auf den Herd stellen. Unter Rühren zum Kochen bringen, bis die Flüssigkeit angedickt ist. Käse, Senf und Kräuter einrühren und die Mischung gut mit Salz und Pfeffer abschmecken.

4 Den Grill auf hohe Temperatur vorheizen. Die Toasties halbieren, 2–3 Minuten unter dem Grill anrösten, bis sie goldbraun sind, dann auf einer Servierplatte anrichten.

5 Die gerösteten Gemüsestücke auf die Hälften der Toasties verteilen und mit der Sauce übergießen. Sofort servieren.

1

3

5

Hummus-Knoblauch-Toasts

Für 4 Personen

ZUTATEN

HUMMUS:
400 g Kichererbsen aus der Dose
Saft einer großen Zitrone
6 EL Tahin (Sesampaste)
2 EL Olivenöl
2 Knoblauchzehen, zerdrückt
Salz und Pfeffer
frischer gehackter Koriander
schwarze Oliven, zum Garnieren

TOASTS:
1 Ciabattabrot, in Scheiben geschnitten
2 Knoblauchzehen, zerdrückt
1 EL frischer gehackter Koriander
4 EL Olivenöl

1 Die Kichererbsen abgießen, einen Teil der Flüssigkeit zurückbehalten. Kichererbsen und etwas von der Flüssigkeit in eine Küchenmaschine geben, pürieren und nach und nach den Rest der Flüssigkeit sowie den Zitronensaft zugeben. Immer wieder pürieren, bis die Mixtur glatt ist.

2 Tahin und Olivenöl bis auf einen Esslöffel des Öls untermengen. Den Knoblauch zugeben, nach Belieben mit Salz und Pfeffer abschmecken und wiederum glatt pürieren.

3 Den Hummus in eine Servierschüssel füllen. Mit dem restlichen Olivenöl beträufeln und mit Koriander und Oliven garnieren. Während der Vorbereitung der Toasts im Kühlschrank abkühlen lassen.

4 Die Ciabattascheiben nebeneinander auf einen Grillrost legen.

5 Knoblauch, Koriander und Olivenöl mischen und auf die Brotscheiben träufeln. Unter dem heißen Grill 2–3 Minuten anrösten, bis die Scheiben braun sind, dabei einmal wenden. Heiß mit dem Hummus servieren.

TIPP

Bereiten Sie den Hummus einen Tag vorher zu und bewahren ihn zugedeckt im Kühlschrank auf. Erst kurz vor dem Servieren garnieren.

2

3

5

Terrine aus gemischten Bohnen

Für 4 Personen

ZUTATEN

800 g gemischte Bohnen aus der Dose, abgetropft
4 EL Olivenöl
Saft von 2 Zitronen
4 Knoblauchzehen, zerdrückt
2 EL frischer gehackter Koriander
4 Frühlingszwiebeln, in Ringen
Salz und Pfeffer
Frühlingszwiebeln, in Streifen geschnitten, zum Garnieren

1 Die Bohnen unter kaltem Wasser gründlich abspülen und gut abtropfen lassen.

2 In eine Küchenmaschine geben und glatt pürieren. Man kann die Bohnen auch in einer Schüssel mit einer Gabel oder einem Kartoffelstampfer zerdrücken.

3 Olivenöl, Zitronensaft, Knoblauch, Koriander und Frühlingszwiebeln zugeben und pürieren, bis die Mischung ziemlich glatt ist. Die Mischung nach Belieben mit Salz und Pfeffer abschmecken.

4 In eine Schale füllen und mindestens 30 Minuten kühl stellen. Mit Frühlingszwiebel-Streifen garnieren und servieren.

TIPP

Servieren Sie die Terrine mit warmem Pita- oder Körnerbrot.

TIPP

Verwenden Sie Dosenbohnen ohne Salz- oder Zuckerzusatz und spülen Sie sie stets gründlich ab.

2

3

3

Frittiertes Gemüse mit süß-saurer Sauce

Für 4 Personen

ZUTATEN

100 g Weizenvollkornmehl
1 Prise Salz
1 Prise Cayennepfeffer
4 TL Olivenöl
12 EL kaltes Wasser
100 g Brokkoliröschen
100 g Blumenkohlröschen
50 g Zuckerschoten
1 große Karotte, gestiftelt
1 rote Paprika, in Streifen geschnitten
2 Eiweiß
Öl zum Frittieren

SAUCE:
150 ml Ananassaft
150 ml Gemüsebrühe
2 EL Weinessig
2 EL brauner Zucker
2 TL Speisestärke
2 Frühlingszwiebeln, gehackt

1 Mehl und Salz in eine Rührschüssel sieben, Cayennepfeffer zugeben. Eine Vertiefung in die Mitte drücken und nach und nach Öl und Wasser einrühren, bis ein glatter Teig entsteht.

2 Die Gemüsestücke 5 Minuten in kochendem Wasser blanchieren und gut abgießen.

3 Das Eiweiß steif schlagen und unter den Teig heben.

4 Die Gemüsestücke in den Teig eintauchen. Überflüssigen Teig abtropfen lassen. Das Öl in einem tiefen Topf auf 180 °C erhitzen, sodass ein Brotwürfel innerhalb von 30 Sekunden braun wird. Die Gemüsestücke portionsweise 1–2 Minuten frittieren, bis sie goldbraun sind. Aus dem Öl nehmen und auf Küchenpapier legen.

5 Alle Zutaten für die Sauce in einem Topf zum Kochen bringen, rühren, bis die Sauce dick und klar ist. Mit den frittierten Gemüsestücken servieren.

Gemischte Bhajis

Für 4 Personen

ZUTATEN

BHAJIS:
175 g Kichererbsenmehl (Besan)
1 TL Natron
Salz und Pfeffer
2 TL gemahlener Koriander
1 TL Garam Masala
1½ TL Kurkuma
1½ TL Chilipulver
2 EL frischer gehackter Koriander
1 kleine Zwiebel, halbiert und in Ringe geschnitten
1 kleine Porreestange, in Ringen
100 g Blumenkohl, gekocht
9–12 EL kaltes Wasser
Öl zum Frittieren

SAUCE:
150 g Naturjoghurt
2 EL gehackte Minze
½ TL Kurkuma
1 Knoblauchzehe, zerdrückt
frische Minzezweige, zum Garnieren

1 Mehl, Natron, Salz und Pfeffer in eine Rührschüssel sieben, Gewürze und frischen Koriander zugeben. Gut mischen.

2 Die Mischung dritteln und in Schüsseln geben. Die Zwiebeln in die eine Portion, den Porree in die andere und den Blumenkohl in die dritte einrühren. Jede Teigportion mit 3–4 EL Wasser zu einer glatten Masse verarbeiten.

3 Das Öl in einem tiefen Topf auf 180 °C erhitzen, sodass ein Brotwürfel innnerhalb von 30 Sekunden braun wird. Die Teigmischungen mit 2 Teelöffeln zu Bällchen formen und diese jeweils 3–4 Minuten frittieren, bis sie braun sind. Mit einem Schaumlöffel aus dem Öl nehmen und auf Küchenpapier legen. Die fertigen Bhajis im Ofen warmhalten.

4 Alle Zutaten für die Sauce in eine Schüssel geben und mischen. Mit Minzezweigen garnieren und mit den Bhajis servieren.

Pilz-Knoblauch-Soufflé

Für 4 Personen

ZUTATEN

50 g Butter
75 g Champignons, geviertelt
2 TL Limettensaft
2 Knoblauchzehen, zerdrückt
2 EL gehackter Majoran
25 g Mehl
225 ml Milch
Salz und Pfeffer
2 Eier, getrennt

1 4 Soufflèförmchen (à 150 ml) dünn mit Butter fetten.

2 25 g der Butter in einer Pfanne schmelzen. Champignons, Limettensaft und Knoblauch zugeben und 2–3 Minuten dünsten. Die Pilzmischung mit einem Schaumlöffel aus der Pfanne nehmen und in eine Rührschüssel geben. Den Majoran untermischen.

3 Die restliche Butter in einem Topf schmelzen. Das Mehl zugeben und 1 Minute erhitzen, dann vom Herd nehmen. Die Milch zugeben und unter Rühren zum Kochen bringen, bis die Bechamelsauce angedickt ist.

4 Die Sauce zur Pilzmischung geben, salzen und pfeffern und Eidotter hineingeben.

5 Das Eiweiß steif schlagen und unter die Mischung heben.

6 Mischung auf die Soufflèförmchen verteilen. Auf einem Backblech im vorgeheizten Ofen (200 °C) 8–10 Minuten backen, bis die Soufflés aufgegangen und gar sind. Sofort servieren.

TIPP

Stechen Sie mit einem Spieß in die Soufflés – wenn sie gar sind, bleibt kein Teig mehr an ihm hängen. Andernfalls backen Sie die Soufflés noch ein paar Minuten, aber nicht allzu lange.

2

4

5

Karotten-, Fenchel- und Kartoffelmix

Für 4 Personen

ZUTATEN

4 EL Olivenöl
2 Kartoffeln, in dünne Streifen geschnitten
2 Fenchelknollen, in dünne Streifen geschnitten
4 Karotten, geraspelt
2 rote Zwiebeln, in dünne Ringe geschnitten
gehackter Schnittlauch und Fenchelkraut, zum Garnieren

DRESSING:
6 EL Olivenöl
2 EL Knoblauchweinessig
2 Knoblauchzehen, zerdrückt
2 TL Dijonsenf
4 TL klarer Honig
Salz und Pfeffer

1 Das Olivenöl in einer Pfanne erhitzen, Kartoffel- und Fenchelstreifen hineingeben und 2–3 Minuten andünsten, bis sie anfangen, braun zu werden. Mit einem Schaumlöffel aus der Pfanne nehmen und auf Küchenpapier legen, damit das Fett aufgesaugt wird.

2 Karottenraspel, Zwiebeln, Kartoffel- und Fenchelstreifen in separaten Portionen auf einem Servierteller anrichten.

3 Die Zutaten für das Dressing mischen, über das Gemüse gießen und gut untermischen. Mit gehacktem Schnittlauch und Fenchelkraut bestreuen. Entweder sofort servieren oder bis zum Servieren im Kühlschrank aufbewahren.

TIPP

Fenchel ist ein aromatisches Gemüse mit einem anisartigen Geschmack. Er kann roh in Salaten, gekocht, geschmort, in Butter gedünstet oder gegrillt werden. Sie können den Fenchel auch durch 350 g Porreeringe ersetzen.

1

2

3

Zwiebeln auf griechische Art

Für 4 Personen

ZUTATEN

450 g Schalotten
3 EL Olivenöl
3 EL klarer Honig
2 EL Knoblauchweinessig
3 El trockener Weißwein

1 EL Tomatenmark
2 Selleriestangen, in Scheiben geschnitten
2 Tomaten, entkernt und in Stücken

Salz und Pfeffer
Sellerieblätter, klein geschnitten, zum Servieren

1 Die Schalotten schälen. Das Öl in einem großen Topf erhitzen, die Schalotten hineingeben und unter Rühren 3–5 Minuten andünsten, bis sie anfangen, braun zu werden.

2 Den Honig zugeben und weitere 30 Sekunden bei großer Hitze kochen. Essig und Weißwein unter Rühren zufügen.

3 Tomatenmark, Sellerie und Tomaten zugeben und zum Kochen bringen. Bei großer Hitze 5–6 Minuten kochen. Mit Salz und Pfeffer abschmecken und etwas abkühlen lassen.

4 Mit den Sellerieblättern garnieren, warm oder gekühlt servieren.

TIPP

Warm ist dieses Gericht eine gut geeignete Beilage für den Kichererbsenbraten (s. S. 114).

VARIATION

Champignons anstelle von Schalotten und Fenchel statt Sellerie ergeben ebenfalls eine ausgezeichnete Vorspeise.

1

2

3

Auberginen-Timbale

Für 4 Personen

ZUTATEN

- 1 große Aubergine
- 50 g Makkaroni
- 1 EL Pflanzenöl
- 1 Zwiebel, klein geschnitten
- 2 Knoblauchzehen, zerdrückt
- 2 EL Mais aus der Dose, abgetropft
- 2 EL Tiefkühlerbsen, aufgetaut
- 100 g Spinat
- 25 g vegetarischer Cheddar, gerieben
- 1 Ei, verquirlt
- 225 g Tomaten aus der Dose, in Stücken
- 1 EL gehacktes Basilikum
- Salz und Pfeffer

SAUCE:

- 4 EL Olivenöl
- 2 EL Weißweinessig
- 2 Knoblauchzehen, zerdrückt
- 3 EL gehacktes Basilikum
- 1 EL feiner Zucker

1 Die Aubergine mit einem Kartoffelschälmesser in dünne Längsstreifen schneiden. In eine Schüssel mit kochendem Salzwasser geben und 3–4 Minuten stehen lassen. Gut abgießen.

2 4 Auflaufförmchen (à 150 ml) dünn einfetten, Boden und Wände mit den Auberginenscheiben auslegen, sodass diese oben 2,5 cm breit überstehen.

3 Pasta 8–10 Minuten „al dente" kochen. Das Öl erhitzen, Zwiebel und Knoblauch 2–3 Minuten andünsten. Mais und Erbsen zugeben und vom Herd nehmen.

4 Spinat blanchieren, gut abgießen, hacken und beiseitestellen. Nudeln, Käse, Ei, Tomaten und Basilikum zur Zwiebelmischung geben. Mischen und mit Salz und Pfeffer abschmecken. Jedes Auflaufförmchen zur Hälfte mit einem Teil der Nudeln füllen. Den Spinat daraufschichten, die restlichen Nudeln und das Ganze mit den überstehenden Auberginenscheiben bedecken. Die Förmchen in eine halb mit kochendem Wasser gefüllte Auflaufform stellen, abdecken und im vorgeheizten Ofen (180 °C) 20–25 Minuten backen. In der Zwischenzeit die Zutaten für die Sauce in einem Topf erhitzen. Die Timbalen stürzen und mit der Sauce servieren.

Snacks & Leichte Gerichte

Unserem hektischen Lebensstil kommt es sehr entgegen, einen einfachen Snack oder eine schnelle leichte Mahlzeit improvisieren zu können. Manchmal möchten wir keine volle Mahlzeit essen und haben trotzdem Lust auf etwas Gutes, Appetitanregendes. Oder wir brauchen eine Zwischenmahlzeit, um die Zeit bis zum Mittag- oder Abendessen zu überbrücken. Ob nahrhafter Pausensnack, Knabberei für den Aperitif oder Vorspeise – in diesem Kapitel finden Sie Rezepte, bei denen Ihnen das Wasser im Munde zusammenläuft. Sie eignen sich für jeden Geschmack und werden Sie nicht zu lange in der Küche festhalten.

Zahlreiche leicht vorzubereitende Speisen stellen sowohl den Hunger als auch die Geschmacksknospen zufrieden, ohne dass Sie auf das klassische Sandwich zurückgreifen müssen! Sie werden schnell eine Anregung für ein Gericht finden, das leichter ist als die Hauptmahlzeiten im folgenden Kapitel, Sie aber dennoch bei Kräften hält und mit einer Beilage oder mit einem knackigen Salat kombiniert werden kann – auch von diesen finden Sie eine Auswahl weiter hinten in unserem Buch.

Knoblauchpilze auf geröstetem Weißbrot

Für 4 Personen

ZUTATEN

75 g Margarine
2 Knoblauchzehen, zerdrückt
350 g gemischte Pilze, z. B. Champignons, Austern- und Shiitake-Pilze, in Scheiben
8 Scheiben Weißbrot
1 EL gehackte Petersilie
Salz und Pfeffer

1 Die Margarine in einer Pfanne schmelzen. Knoblauch zugeben und 30 Sekunden unter Rühren erhitzen.

2 Die Pilze zufügen und 4 Minuten andünsten, dabei die Pilze gelegentlich wenden.

3 Das Weißbrot unter einem auf mittlere Hitze vorgeheizten Grill 2–3 Minuten rösten, dabei einmal wenden.

4 Das geröstete Brot auf einen Servierteller legen.

5 Die Petersilie gut mit den Pilzen mischen, mit Salz und Pfeffer abschmecken.

6 Die Pilzmischung auf das Brot geben und sofort servieren.

TIPP

Gewürze wie Curry- oder Chilipulver machen die Pilze noch pikanter.

TIPP

Die Pilze maximal 24-36 Stunden im Kühlschrank aufbewahren und nur in Papiertüten, da sie in Plastik „schwitzen". Wildpilze sollten gewaschen werden, andere werden einfach abgerieben.

Gemüse-Samosas

12 Stück

ZUTATEN

FÜLLUNG:
2 EL Pflanzenöl
1 Zwiebel, gehackt
½ TL gemahlener Koriander
½ TL gemahlener Kreuzkümmel
1 Prise Kurkuma
½ TL gemahlener Ingwer
½ TL Garam Masala
1 Knoblauchzehe, zerdrückt
225 g Kartoffeln, gewürfelt
100 g Tiefkühlerbsen, aufgetaut
150 g Spinat, gehackt
Salz und Pfeffer

TEIG:
12 Blatt Filo-Teig
Öl zum Frittieren

1 Für die Füllung das Öl in einer Pfanne erhitzen, Zwiebel 1–2 Minuten unter Rühren andünsten, bis sie weich ist. Gewürze und Knoblauch hineinrühren und 1 Minute köcheln lassen.

2 Die Kartoffeln zufügen und bei schwacher Hitze 5 Minuten braten, bis sie anfangen, weich zu werden. Kartoffeln dabei mehrfach wenden.

3 Erbsen und Spinat zugeben und weitere 3–4 Minuten kochen, salzen und pfeffern.

4 Den Filo-Teig auf einer sauberen Fläche ausbreiten, jedes Blatt längs falten.

5 2 EL der Gemüsefüllung auf ein Ende eines jeden Blattes legen. Über eine Ecke falten, sodass ein Dreieck entsteht. Dies mehrere Male wiederholen, die Ränder des dreieckigen Pakets mit Wasser zusammendrücken.

6 Mit übrigem Teig und übriger Füllung wiederholen.

7 Frittieröl auf 180 °C erhitzen, sodass ein Brotwürfel darin innerhalb von 30 Sekunden braun wird. Die Samosas portionsweise jeweils 1–2 Minuten frittieren, bis sie goldbraun sind. Auf Küchenpapier legen, um das Fett aufzusaugen. Warmhalten, bis alle Samosas frittiert sind, und servieren.

4

5

5

Gebratener Tofu auf Ciabatta-Brötchen

Für 4 Personen

ZUTATEN

75 g Margarine
450 g marinierter fester Tofu
1 rote Zwiebel, gehackt
1 rote Paprika, gewürfelt
4 Ciabatta-Brötchen
2 EL gehackte gemischte Kräuter
Salz und Pfeffer
frische Kräuter, zum Garnieren

1 Die Margarine in einer Pfanne schmelzen lassen, Tofu hineinkrümeln.

2 Zwiebel und Paprika zugeben und 3–4 Minuten unter gelegentlichem Rühren andünsten.

3 Zwischenzeitlich die Brötchen halbieren und unter dem heißen Grill 2–3 Minuten rösten, dabei einmal wenden. Auf einen Teller legen.

4 Die Kräuter zum Tofu geben, mischen und mit Salz und Pfeffer abschmecken.

5 Die Tofumischung auf die Brötchen geben und mit den frischen Kräutern garnieren. Sofort servieren.

TIPP

Marinierter Tofu verleiht diesem Gericht ein besonderes Aroma. Sie können auch geräucherten Tofu verwenden.

TIPP

Reiben Sie mit der Schnittfläche einer Knoblauchzehe über die gerösteten Brötchen.

1

2

4

Pfannengemüse aus gemischten Bohnen

Für 4 Personen

ZUTATEN

350 g gemischte grüne Bohnen, z. B. grüne Bohnen und Favabohnen
2 EL Pflanzenöl
2 Knoblauchzehen, zerdrückt
1 rote Zwiebel, in Scheiben
225 g fester marinierter Tofu, gewürfelt
1 EL Zitronensaft
½ TL Kurkuma
1 TL Fünf-Gewürze-Pulver
150 ml Gemüsebrühe
2 TL Sesam

1 Die grünen Bohnen säubern, klein schneiden und beiseitestellen.

2 Das Öl in einer Pfanne erhitzen, Knoblauch und Zwiebel darin unter häufigem Rühren 2 Minuten andünsten. Den Tofu zugeben und 2–3 Minuten anbraten, bis er beginnt, braun zu werden.

3 Grüne und Favabohnen zugeben. Zitronensaft, Kurkuma, Fünf-Gewürze-Pulver und Gemüsebrühe zufügen und zum Kochen bringen.

4 Die Hitze reduzieren und die Bohnen 5–7 Minuten köcheln lassen, bis sie zart sind. Mit Sesam bestreuen und sofort servieren.

VARIATION

Limetten- statt Zitronensaft verleiht dem Gericht ein anderes Aroma.

VARIATION

Ebenso verleiht geräucherter anstelle von mariniertem Tofu dem Gericht einen anderen Geschmack.

Calzone mit getrockneten Tomaten & Gemüse

Für 4 Personen

ZUTATEN

TEIG:
450 g Weizenmehl
1 Päckchen Trockenhefe
1 TL feiner Zucker
150 ml Gemüsebrühe
150 ml passierte Tomaten
1 Ei, verquirlt

FÜLLUNG:
1 EL Pflanzenöl
1 Zwiebel, gehackt
1 Knoblauchzehe, zerdrückt
2 EL gehackte getrocknete Tomaten
100 g Spinat, gehackt
3 EL Maiskörner aus der Dose, abgetropft
25 g grüne Bohnen, gedrittelt
1 EL Tomatenmark
1 EL gehacktes Oregano
50 g Mozzarella, in Scheiben
Salz und Pfeffer

1 Das Mehl in eine Schüssel sieben. Hefe, Zucker, Brühe und Tomaten zugeben und zu einem glatten Teig verrühren.

2 Den Teig auf einer mit Mehl bestäubten Fläche 10 Minuten durchkneten, in eine mit Öl gefettete Schüssel legen und an einem warmen Ort etwa 1 Stunde gehen lassen.

3 Das Öl erhitzen, die Zwiebel 2–3 Minuten andünsten. Knoblauch, Tomaten, Spinat, Mais und Bohnen zugeben und 3–4 Minuten dünsten. Tomatenmark und Oregano zufügen, salzen und pfeffern.

4 Den Teig in 4 Portionen teilen und zu je einem Kreis von etwa 18 cm Durchmesser ausrollen. Darauf je ein Viertel der Füllung geben und mit Käse belegen. Den Teig darüber zusammenfalten, am Rand mit einer Gabel zusammendrücken und mit dem Ei bestreichen. Auf ein schwach geöltes Backblech legen und im vorgeheizten Backofen (220 °C) 25–30 Minuten backen, bis die Calzones aufgegangen und golden sind.

Gemüse-Enchiladas

Für 4 Personen

ZUTATEN

4 Weizenmehltortillas
75 g vegetarischer Cheddar, gerieben

FÜLLUNG:
75 g Spinat
2 EL Olivenöl
8 Babymaiskolben, in Scheiben
25 g Tiefkühlerbsen, aufgetaut
1 rote Paprika, gewürfelt
1 Karotte, gewürfelt
1 Porreestange, in Ringen
2 Knoblauchzehen, zerdrückt
1 rote Chili, klein gehackt
Salz und Pfeffer

SAUCE:
300 ml passierte Tomaten
2 Schalotten, gehackt
1 Knoblauchzehe, zerdrückt
300 ml Gemüsebrühe
1 TL feiner Zucker
1 TL Chilipulver

1 Den Spinat 2 Minuten in kochendem Wasser blanchieren, gut ausdrücken und hacken.

2 Das Öl in einer Pfanne erhitzen und Mais, Erbsen, Paprika, Karotte, Porree, Knoblauch und Chili zugeben. Unter häufigem Rühren 3–4 Minuten andünsten. Dann den Spinat zugeben und mit Salz und Pfeffer abschmecken.

3 Alle Zutaten für die Sauce in einen Topf geben und unter Rühren zum Kochen bringen. Bei starker Hitze 20 Minuten kochen, bis die Flüssigkeit um ein Drittel eingekocht und dick geworden ist.

4 Ein Viertel der Füllung auf die Mitte jeder Tortilla geben. Die Tortillas aufrollen und mit der offenen Seite nach unten in eine ofenfeste Form legen.

5 Die Sauce über die Tortillas gießen und mit dem Käse bestreuen. Im vorgeheizten Ofen (180 °C) 20 Minuten überbacken, bis der Käse geschmolzen und gebräunt ist. Sofort servieren.

Gemüse-Jambalaja

Für 4 Personen

ZUTATEN

75 g Naturreis
2 EL Olivenöl
2 Knoblauchzehen, zerdrückt
1 rote Zwiebel, geachtelt
1 Aubergine, gewürfelt
1 grüne Paprika, gewürfelt
50 g Babymaiskolben, längs halbiert
50 g Tiefkühlerbsen
100 g kleine Brokkoliröschen
150 ml Gemüsebrühe
225 g Tomaten aus der Dose, in Stücken
1 EL Tomatenmark
1 TL Cajun-Gewürzmischung
1 getrocknete Chili, zerkleinert
Salz und Pfeffer

1 Den Reis 20 Minuten gar kochen. Abgießen und beiseitestellen.

2 Das Öl in einer Pfanne mit schwerem Boden erhitzen, Knoblauch und Zwiebel darin unter Rühren 2–3 Minuten anrösten.

3 Aubergine, Paprika, Mais, Erbsen und Brokkoli zufügen, unter gelegentlichem Rühren 2–3 Minuten anrösten.

4 Gemüsebrühe, Dosentomaten, Tomatenmark, Cajun-Gewürz und getrocknete Chili unterrühren.

5 Nach Belieben mit Salz und Pfeffer abschmecken und bei schwacher Hitze 15–20 Minuten kochen, bis die Gemüsestücke gar sind.

6 Den Reis mit der Gemüsemischung mischen, unter Rühren weitere 3–4 Minuten erhitzen. Das Gemüse-Jambalaja auf vorgewärmte Teller geben und sofort servieren.

TIPP

Verwenden Sie eine Reismischung, z. B. aus wildem oder rotem Reis mit anderer Färbung und anderer Konsistenz.

Gefüllte Champignons

Für 4 Personen

ZUTATEN

8 große Champignons
1 EL Olivenöl
1 kleine Porreestange, in Ringen
1 Selleriestange, in Scheiben
100 g fester Tofu, gewürfelt
1 Zucchini, in Scheiben
1 Karotte, gewürfelt
100 g Vollkornbrotkrümel
2 EL gehacktes Basilikum
1 EL Tomatenmark
2 EL Pinienkerne
Salz und Pfeffer
75 g vegetarischer Cheddar, gerieben
150 ml Gemüsebrühe
grüner Salat, zum Servieren

1 Die Stiele aus den Champignons entfernen und klein hacken.

2 Das Öl in einer Pfanne erhitzen. Gehackte Champignonstiele, Porree, Sellerie, Tofu, Zucchini und Karotte zufügen und 3–4 Minuten anrösten.

3 Brotkrümel, Basilikum, Tomatenmark und Pinienkerne zugeben, mischen und mit Salz und Pfeffer abschmecken.

4 Die Mischung in die Champignons füllen und mit Käse bestreuen.

5 Die Pilze in eine flache Auflaufform geben und die Gemüsebrühe dazugießen.

6 Im vorgeheizten Ofen (220 °C) 20 Minuten überbacken, bis die gefüllten Champignons gar sind und der Käse geschmolzen ist. Die Champignons aus der Auflaufform nehmen und mit einem grünen Salat servieren.

TIPP

Sie können die Gemüsesorten variieren – je nachdem, was Sie vorrätig haben.

Gemüse-Crêpes

Für 4 Personen

ZUTATEN

CRÊPES:
100 g Mehl
1 Prise Salz
1 Ei, verquirlt
300 ml Milch
Pflanzenöl zum Braten

FÜLLUNG:
2 EL Pflanzenöl
1 Porreestange, grob geraspelt
1/2 TL Chilipulver
1/2 TL gemahlener Kreuzkümmel
50 g Zuckerschoten
100 g kleine Champignons
1 rote Paprika, in Streifen
25 g Cashewkerne, gehackt

SAUCE:
25 g Margarine
25 g Mehl
150 ml Gemüsebrühe
150 ml Milch
1 TL Dijonsenf
75 g vegetarischer Cheddar, gerieben
2 EL gehackter Koriander

1 Für die Crêpes Mehl und Salz in eine Schüssel sieben. Mit Ei und Milch zu einem Teig aufschlagen. Für die Füllung Öl in einer Pfanne erhitzen und Porree 2–3 Minuten andünsten. Den Rest der Zutaten zugeben und 5 Minuten unter Rühren kochen. Für die Sauce die Margarine in einer Pfanne schmelzen und das Mehl zugeben. 1 Minute erhitzen und vom Herd nehmen. Gemüsebrühe und Milch zugeben und unter Rühren zum Kochen bringen, bis die Sauce angedickt ist. Senf, die Hälfte des Käses und Koriander zugeben und 1 Minute kochen.

2 1 EL Öl in einer beschichteten Pfanne (Durchmesser 15 cm) erhitzen. Das Öl abgießen und mit jeweils einem Achtel des Teigs Crêpes backen (2 Minuten für jede Seite). Einen Teil der Füllung auf die Crêpes geben und diese aufrollen. In eine hitzebeständige Form füllen und die übrige Sauce daraufgießen. Mit Käse bestreuen und unter dem heißen Grill 3–5 Minuten überbacken, bis der Käse schmilzt und braun wird.

Pasta-Nester mit Gemüse

Für 4 Personen

ZUTATEN

175 g Spaghetti
1 Aubergine, halbiert und in Scheiben
1 rote Paprika, geviertelt und in diagonale Streifen geschnitten
1 Zucchini, gewürfelt
2 Knoblauchzehen, zerdrückt
50 g Butter oder Margarine, geschmolzen
15 g trockene Weißbrotkrümel
Salz und Pfeffer
frische Petersilienzweige, zum Garnieren

1 Wasser in einem großen Topf zum Kochen bringen und die Spaghetti „al dente" kochen. Gut abgießen und beiseitestellen.

2 Aubergine, Paprika und Zucchini auf einem Backblech verteilen.

3 Öl und Knoblauch mischen, auf das Gemüse geben und untermischen, sodass die Gemüsestücke ölig sind.

4 Unter einem heißen Grill 10 Minuten rösten, dabei wenden, bis die Gemüsestücke weich und etwas geschwärzt sind. Beiseitestellen und warm halten.

5 Die Spaghetti auf einem Blech mit 4 Vertiefungen oder in 4 feuerfeste flache Förmchen verteilen. Mit einer Gabel zu Nestern formen.

6 Die Nester mit geschmolzener Butter oder Margarine einpinseln und mit den Brotkrümeln bestreuen. Im vorgeheizten Ofen (200 °C) 15 Minuten überbacken, bis die Spaghetti goldbraun sind. Die Pasta-Nester auf Teller legen. Die gerösteten Gemüsestücke auf die Nester verteilen, nach Belieben mit Salz und Pfeffer abschmecken, garnieren und servieren.

TIPP

„Al dente" ist italienisch, bedeutet „bissfest" und bezeichnet Pasta, die nicht zu weich gekocht ist.

Gemüseburger mit Pommes frites

Für 4 Personen

ZUTATEN

GEMÜSEBURGER:
100 g Spinat
1 EL Olivenöl
1 Porreestange, in Ringen
2 Knoblauchzehen, zerdrückt
100 g Pilze, in kleinen Stücken
300 g fester Tofu, in kleinen Stücken
1 TL Chilipulver
1 TL Currypulver
1 EL gehackter Koriander
75 g frische Vollkornbrotkrümel
Salz und Pfeffer
Öl zum Braten

POMMES FRITES:
2 große Kartoffeln
2 EL Mehl
1 TL Chilipulver
2 EL Olivenöl
Brötchen für die Burger und Salat, zum Servieren

1 Den Spinat in wenig Wasser 2 Minuten kochen, abgießen und mit Küchenpapier trocknen.

2 Das Öl in einer Bratpfanne erhitzen, Porree und Knoblauch 2–3 Minuten andünsten. Die übrigen Zutaten bis auf die Brotkrümel zugeben und 5–7 Minuten rösten, bis das Gemüse weich ist. Den Spinat hineingeben und 1 weitere Minute kochen.

3 Die Mischung in eine Küchenmaschine geben und 30 Sekunden pürieren. Die Brotkrümel untermischen, salzen und pfeffern und beiseitestellen, bis die Mischung abgekühlt ist. Mit bemehlten Händen die Mischung zu 4 gleich großen Burgern formen. 30 Minuten kühl stellen.

4 Für die Pommes frites die Kartoffeln in dünne Stifte schneiden und 10 Minuten in Wasser kochen. Abgießen und in Mehl und Chilipulver wälzen. Die Pommes frites auf ein Backblech legen und mit Öl beträufeln. Im vorgeheizten Ofen (200 °C) 30 Minuten backen, bis die Pommes frites eine goldene Farbe angenommen haben.

5 In der Zwischenzeit Öl in einer Pfanne erhitzen und die Burger 8–10 Minuten braten. Mit dem Salat zwischen die Brötchenhälften geben.

Gemüse-Dim-Sum

Für 4 Personen

ZUTATEN

2 Frühlingszwiebeln, klein geschnitten
25 g grüne Bohnen, klein geschnitten
1 kleine Karotte, gehackt
1 rote Chili, gehackt
25 g Bohnensprossen, klein geschnitten
25 g kleine Champignons, klein geschnitten
25 g ungesalzene Cashewkerne, gehackt
1 kleines Ei, verquirlt
2 EL Speisestärke
1 TL helle Sojasauce
1 TL Hoi-Sin-Sauce (Pekingsauce)
1 TL Sesamöl
32 Wan-Tan-Blätter
Öl zum Frittieren
1 EL Sesam

1 Das Gemüse in einer Schüssel mischen.

2 Nüsse, Ei, Stärkemehl, Sojasauce, Hoi-Sin-Sauce und Sesamöl zufügen, gut mischen.

3 Die Wan-Tan-Blätter auf einem Brett ausbreiten und eine kleine Portion der Gemüsemischung in die Mitte eines jeden Blattes setzen. Den Teig um die Füllung nach oben ziehen, sodass kleine, oben offene Pakete entstehen.

4 Das Frittieröl in einem Wok auf 180 °C erhitzen, sodass ein Brotwürfel darin innerhalb von 30 Sekunden braun wird.

5 Die Wan-Tans portionsweise 1–2 Minuten frittieren, bis sie goldbraun sind. Mit Küchenpapier das Fett aufsaugen und warm halten, bis alle Wan-Tans fertig sind.

6 Mit dem Sesam bestreuen. Das Gemüse-Dim-Sum mit Soja- oder Pflaumendip servieren.

TIPP

Sie können die Wan-Tans auch in einem Dämpfeinsatz 5–7 Minuten in Wasserdampf garen – eine gesündere Variante.

萬
壽

Auberginen mit Bulgur-Füllung

Für 4 Personen

ZUTATEN

4 mittelgroße Auberginen
Salz
175 g Bulgur
300 ml kochendes Wasser
2 EL Olivenöl
2 Knoblauchzehen, zerdrückt
2 EL Pinienkerne
1/2 TL Kurkuma
1 TL Chilipulver
2 Selleriestangen, in Scheiben
4 Frühlingszwiebeln, in Ringen
1 Karotte, gerieben
50 g Champignons, geviertelt
2 EL Rosinen
2 EL frischer gehackter Koriander
grüner Salat, zum Servieren

1 Die Auberginen längs halbieren. Das Fleisch bis auf einen Rand mit einem Teelöffel herauslösen, hacken und beiseitestellen. Die Innenwände der Auberginen mit Salz einreiben und 20 Minuten stehen lassen.

2 In der Zwischenzeit den Bulgur in eine Rührschüssel geben und mit kochendem Wasser übergießen. 20 Minuten stehen lassen, bis das Wasser aufgesogen ist.

3 Das Öl in einer Pfanne erhitzen. Knoblauch, Pinienkerne, Kurkuma, Chilipulver, Sellerie, Frühlingszwiebeln, Karotte, Pilze und Rosinen hineingeben und 2–3 Minuten andünsten.

4 Das Auberginenfleisch unterrühren und weitere 2–3 Minuten schmoren. Den Koriander zugeben und gut verrühren.

5 Die Pfanne vom Herd nehmen und den Bulgur hineingeben. Die Auberginenschiffe mit kaltem Wasser ausspülen und mit Küchenpapier trockentupfen.

6 Die Füllung in die Auberginen geben und diese wiederum in eine flache feuerfeste Form. Ein wenig kochendes Wasser in die Form füllen und im vorgeheizten Ofen (180 °C) 15–20 Minuten backen.

7 Zusammen mit einem grünen Salat heiß servieren.

1

2

3

Bohnenmus mit Tortillas

Für 4 Personen

ZUTATEN

BOHNEN:
2 EL Olivenöl
1 Zwiebel, klein gehackt
3 Knoblauchzehen, zerdrückt
1 grüne Chili, klein gehackt
400 g rote Kidneybohnen aus der Dose, abgetropft
400 g Pintobohnen aus der Dose, abgetropft
2 EL gehackter Koriander
150 ml Gemüsebrühe
8 Weizentortillas
Salz und Pfeffer
25 g vegetarischer Cheddar, gerieben

RELISH:
4 Frühlingszwiebeln, gehackt
1 rote Zwiebel, gehackt
1 grüne Chili, klein gehackt
1 EL Knoblauchweinessig
1 TL feiner Zucker
1 Tomate, in kleinen Stücken

1 Für das Bohnenmus Öl in einer großen Pfanne erhitzen. Die Zwiebel zufügen und 3–5 Minuten andünsten. Knoblauch und Chili zugeben und 1 Minute schmoren lassen.

2 Die Bohnen mit einem Kartoffelstampfer zu Mus verarbeiten und mit Koriander in die Pfanne geben.

3 Die Brühe zugeben und die Bohnen 5 Minuten unter Rühren kochen, bis die Masse weich und breiartig ist. Mit Salz und Pfeffer abschmecken.

4 Die Tortillas auf ein Backblech legen und im warmen Ofen 1–2 Minuten durchwärmen.

5 Die Zutaten für das Relish mischen.

6 Das Bohnenmus in einer Schüssel anrichten und mit Käse bestreuen. Die Tortillas zusammenrollen und mit Sauce und Bohnenmus servieren.

TIPP

Geben Sie ruhig etwas mehr Flüssigkeit in den Kochtopf, wenn die Bohnen auf dem Topfboden ansetzen.

2

3

5

Gratin mit Naturreis, Gemüse & Kräutern

Für 4 Personen

ZUTATEN

- 100 g Naturreis
- 2 EL Butter oder Margarine
- 1 rote Zwiebel, gehackt
- 2 Knoblauchzehen, zerdrückt
- 1 Karotte, klein gestiftelt
- 1 Zucchini, in Scheiben
- 75 g Babymaiskolben, längs halbiert
- 2 EL Sonnenblumenkerne
- 3 EL gemischte gehackte Kräuter
- 100 g vegetarischer Cheddar, gerieben
- Salz und Pfeffer
- 2 EL Vollkornbrotkrümel

1 Den Reis 20 Minuten in kochendem Salzwasser garen und gut abgießen.

2 Eine ofenfeste Form (900 ml Inhalt) dünn ausfetten.

3 Die Butter in einer Pfanne erhitzen, die Zwiebel 2 Minuten weich dünsten.

4 Knoblauch, Karotte, Zucchini und Mais zugeben und weitere 5 Minuten unter Rühren dünsten.

5 Den Reis mit Sonnenblumenkernen und Kräutern mischen und ebenfalls in die Pfanne geben.

6 Die Hälfte des Käses zugeben und mit Salz und Pfeffer abschmecken.

7 Die Mischung in die gefettete Ofenform geben und mit den Brotkrümeln und dem übrigen Käse bestreuen. Im vorgeheizten Ofen (180 °C) 25–30 Minuten überbacken, bis der Käse goldbraun ist. Servieren.

VARIATION

Verwenden Sie eine andere Reissorte wie etwa Basmatireis und würzen Sie das Gericht mit Currygewürzen.

4

5

7

Pfannengericht mit grünen Linsen & verschiedenen Gemüsen

Für 4 Personen

ZUTATEN

150 g grüne Linsen
4 EL Butter oder Margarine
2 Knoblauchzehen, zerdrückt
2 EL Olivenöl
1 EL Cidre-Essig
1 rote Zwiebel, geachtelt
50 g Babymaiskolben, längs halbiert
1 gelbe Paprika, in Streifen geschnitten
1 rote Paprika, in Streifen geschnitten
50 g grüne Bohnen, halbiert
125 ml Gemüsebrühe
2 EL klarer Honig
Salz und Pfeffer
knuspriges Brot, zum Servieren

1 Die Linsen in einem Topf mit kaltem Wasser 25 Minuten einweichen. Zum Kochen bringen, die Hitze reduzieren und 20 Minuten köcheln lassen. Gut abgießen.

2 1 EL Butter, 1 Knoblauchzehe, 1 EL Öl und den Essig zu den Linsen geben und gut mischen.

3 Die übrige Butter, Knoblauch und Öl in einer Pfanne erhitzen, Zwiebel, Mais, Paprika und Bohnen darin 3–4 Minuten unter ständigem Rühren anbraten.

4 Die Gemüsebrühe zugeben und 10 Minuten kochen, bis die Flüssigkeit verdampft ist.

5 Den Honig zufügen und mit Salz und Pfeffer abschmecken. Die Linsenmischung hineingeben und etwa 1 Minute durchwärmen. Auf vorgewärmte Teller geben und mit dem knusprigen Brot servieren.

VARIATION

Für dieses Pfannengericht können Sie nach Belieben Gemüsesorten kombinieren – versuchen Sie es mit Zucchini, Karotten und Zuckerschoten.

Pfannenrührgericht mit Kohl & Walnüssen

Für 4 Personen

ZUTATEN

350 g Weißkohl
350 g Rotkohl
4 EL Erdnussöl
1 EL Walnussöl
2 Knoblauchzehen, zerdrückt
8 Frühlingszwiebeln, geputzt
225 g fester Tofu, gewürfelt
2 EL Zitronensaft
100 g Walnusskerne
2 TL Dijonsenf
Salz und Pfeffer
2 TL Mohn

1 Rotkohl und Weißkohl mit einem scharfen Messer in dünne Streifen schneiden und beiseitestellen.

2 Erdnuss- und Walnussöl im vorgeheizten Wok erhitzen. Kohl, Knoblauch, Frühlingszwiebeln und Tofu zugeben und unter Rühren 5 Minuten rösten.

3 Zitronensaft, Walnüsse und Senf zugeben, mit Salz und Pfeffer abschmecken und weitere 5 Minuten schmoren, bis der Kohl gar ist.

4 Das Pfannenrührgericht in eine Schüssel geben, mit dem Mohn bestreuen und servieren.

TIPP

Nüsse und Samen bereichern eine vegetarische Mahlzeit nicht nur durch Proteine, Vitamine und wertvolle Fettsäuren, sondern auch hinsichtlich ihres Geschmacks und ihrer Konsistenz. Bewahren Sie also reichlich davon in Ihrem Vorratsschrank auf.

VARIATION

Anstelle von Mohn können Sie auch Sesam verwenden und vor dem Servieren 1 TL Sesamöl auf das Gericht träufeln.

Spinat-Frittata

Für 4 Personen

ZUTATEN

450 g Spinat
2 TL Wasser
4 Eier, verquirlt
2 EL Sahne
2 Knoblauchzehen, zerdrückt
50 g Maiskörner aus der Dose, abgetropft
1 Selleriestange, in Stücken
1 rote Chili, klein gehackt
2 Tomaten, entkernt und gewürfelt
Salz
2 EL Olivenöl
2 EL Butter
25 g Pekannuss-Kerne
2 TL Pecorino, gerieben
25 g Fontinakäse, gerieben
1 Prise Paprikapulver

1 Den Spinat mit 2 TL Wasser 5 Minuten im geschlossenen Topf kochen. Gut abtropfen und auf Küchenpapier trocknen lassen.

2 Eier, Spinat, Sahne, Knoblauch, Mais, Sellerie, Chili und Tomaten verrühren, bis alle Zutaten gut vermischt sind. Nach Belieben mit Salz abschmecken.

3 Öl und Butter in einer Pfanne mit schwerem Boden (20 cm Durchmesser) erhitzen.

4 Die Mischung in die Pfanne geben und mit Pekannüssen, Pecorino und Fontinakäse bestreuen. Ohne Rühren 5–7 Minuten bei mittlerer Hitze braten, bis die Unterseite der Frittata braun ist.

5 Die Frittata mit Hilfe eines großen Tellers wenden, und die andere Seite 2–3 Minuten braten. Direkt aus der Pfanne servieren oder zuvor auf einen Servierteller legen.

Marinierter & gegrillter Fenchel

Für 4 Personen

ZUTATEN

2 Fenchelknollen
1 rote Paprika, grob gewürfelt
1 Limette, geachtelt

MARINADE:
2 EL Limettensaft
4 EL Olivenöl
2 Knoblauchzehen, zerdrückt
1 TL körniger Senf
1 EL gehackter Thymian
Fenchelkraut, zum Garnieren
ein knackiger Salat, zum Servieren

1 Jede Fenchelknolle in 8 Stücke schneiden und diese in eine flache Schale legen. Die Paprikastücke untermischen.

2 Für die Marinade Limettensaft, Öl, Knoblauch, Senf und Thymian mischen. Die Flüssigkeit über Fenchel und Paprika gießen und 1 Stunde ziehen lassen.

3 Fenchel-, Paprika- und Limettenstücke auf Holzspieße stecken. Den Grill vorheizen und die Spieße 10 Minuten rösten, dabei wenden und mit der Marinade begießen.

4 Auf Teller legen, mit dem Fenchelkraut garnieren und mit dem Salat servieren.

VARIATION

Der Limettensaft kann auch durch 2 EL Orangensaft und 1 EL Honig ersetzt werden.

TIPP

Weichen Sie die Holzspieße 20 Minuten ein, damit sie unter dem Grill nicht schwarz werden.

1

2

3

Hauptgerichte

Dies ist das umfangreichste und vielleicht wichtigste Kapitel des Buches. Bei vegetarischer Ernährung ist es außerordentlich bedeutsam, auf Ausgewogenheit zu achten – dabei helfen Ihnen die folgenden Rezepte mit Hülsenfrüchten und Körnern, Tofu und Gemüse. Sie erleichtern die Zusammenstellung von ausgewogenen, nährstoffreichen und wohlschmeckenden Menüs, die alle Ihre Bedürfnisse bestens erfüllen.

Jeder, der vielleicht einmal dachte, dass die vegetarische Küche langweilig ist, wird durch die Vielfalt der Gerichte in diesem Kapitel eines Besseren belehrt. Sie werden Einflüsse aus der indischen, mexikanischen und chinesischen Küche erkennen, aber auch klassische Eintöpfe und Aufläufe sowie herzhafte Backwaren und Gebratenes finden. Alltagsgerichte und Mahlzeiten für Gäste – manche traditionell, andere ungewöhnlicher – wechseln sich ab. Zögern Sie nicht, einige Zutaten durch andere zu ersetzen, wo es sich anbietet. Genießen Sie das Experimentieren und geben Sie auf diese Weise den Gerichten Ihre eigene fantasievolle Note.

Blätterteigtaschen mit Champignons & Spinat

Für 4 Personen

ZUTATEN

2 EL Butter
1 rote Zwiebel, in Ringen
2 Knoblauchzehen, zerdrückt
225 g große Champignons, in Scheiben
175 g zarte Spinatblätter
1 Prise Muskatnuss
4 EL Crème double
Salz und Pfeffer
225 g Blätterteigscheiben
1 Ei, verquirlt
2 TL Mohn

1 Die Butter in einer Pfanne schmelzen. Zwiebel und Knoblauch zugeben und unter Rühren 3-4 Minuten andünsten, bis die Zwiebel glasig ist.

2 Champignons, Spinat und Muskatnuss zufügen, weitere 2–3 Minuten schmoren.

3 Crème double hineinrühren und gut untermischen.

4 Mit Salz und Pfeffer abschmecken und die Pfanne vom Herd nehmen.

5 Den Blätterteig auf einer leicht bemehlten Fläche ausrollen und in vier Kreise (15 cm Durchmesser) schneiden.

6 Jeweils ein Viertel der Füllung auf die eine Hälfte eines jeden Kreises geben und die andere Hälfte darüberklappen. Am Rand andrücken und mit verquirltem Ei bepinseln. Mit Mohnsamen bestreuen.

7 Die Blätterteigtaschen auf ein angefeuchtetes Backblech legen und im vorgeheizten Ofen (200 °C) 20 Minuten backen, bis die Taschen aufgegangen sind und eine goldbraune Farbe haben.

8 Auf Tellern anrichten und sofort servieren.

3

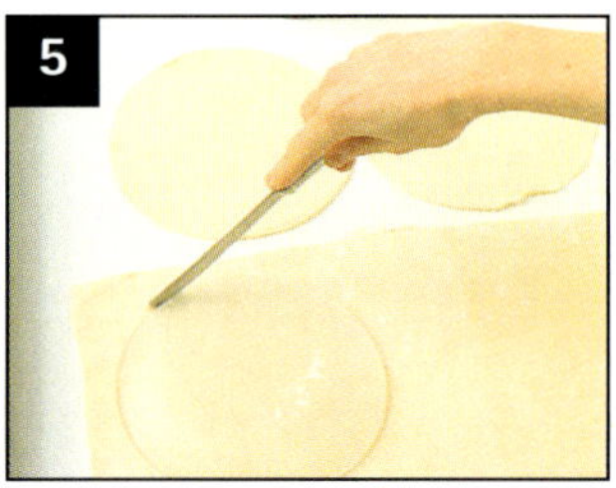
5

6

Kichererbsenbraten mit Sherrysauce

Für 4 Personen

ZUTATEN

450 g Kichererbsen aus der Dose, abgetropft
1 EL Marmite (Hefeextrakt, ersatzweise Vitam R aus dem Reformhaus)
150 g Walnüsse, gehackt
150 g frische Weißbrotkrümel
1 Zwiebel, klein gehackt
100 g Pilze, in Scheiben
50 g Maiskörner aus der Dose, abgetropft
2 Knoblauchzehen, zerdrückt
2 EL trockener Sherry
2 EL Gemüsebrühe
1 EL gehackter Koriander
Salz und Pfeffer
225 g Blätterteigscheiben
1 Ei, verquirlt
2 EL Milch

SAUCE:
1 EL Pflanzenöl
1 Porreestange, in dünnen Ringen
4 EL trockener Sherry
150 ml Gemüsebrühe

1 Kichererbsen, Marmite, Nüsse und Brotkrümel 30 Sekunden in der Küchenmaschine pürieren. Zwiebel und Pilze 3–4 Minuten in einer Pfanne andünsten. Kichererbsenmischung, Mais und Knoblauch hineinrühren. Sherry, Brühe, Koriander, Salz und Pfeffer zugeben und zu einem Brei verarbeiten. Vom Herd nehmen und abkühlen lassen.

2 Blätterteig auf einer leicht bemehlten Fläche zu einem etwa 30 cm × 35 cm großen Rechteck ausrollen. Die Kichererbsenmasse wie einen Brotlaib formen und in den Teig wickeln, diesen an den Rändern fest zusammendrücken. Mit dem Teigsaum nach unten auf ein feuchtes Backblech legen und auf der Oberfläche ein rasterförmiges Muster einritzen. Ei und Milch mischen und auf den Teig pinseln. Im vorgeheizten Ofen (200 °C) 25–30 Minuten backen. Für die Sauce Öl in einem Topf erhitzen und den Porree 5 Minuten dünsten. Sherry und Brühe zugeben und kurz aufkochen. 5 Minuten köcheln lassen und zusammen mit dem Braten servieren.

Kidney-Bohnen Kiew

Für 4 Personen

ZUTATEN

KNOBLAUCHBUTTER:
100 g Butter
3 Knoblauchzehen, zerdrückt
1 EL gehackte Petersilie

BOHNENKLÖSSE:
650 g rote Kidneybohnen aus der Dose
150 g frische Weißbrotkrümel
25 g Butter
1 Porreestange, klein geschnitten
1 Selleriestange, klein geschnitten
1 EL gehackte Petersilie
Salz und Pfeffer
1 Ei, verquirlt
Pflanzenöl zum Braten

1 Butter, Knoblauch und Petersilie in einer Schüssel mit einem Holzlöffel mischen. Die Knoblauchbutter auf ein Stück Backpapier geben, im Papier zu einer Zigarrenform rollen und eingewickelt erkalten lassen.

2 Die Bohnen mit einem Kartoffelstampfer in einer Rührschüssel zu Brei verarbeiten und mit 75 g der Brotkrümel gut mischen.

3 Die Butter in einer Pfanne schmelzen, Porree und Sellerie darin 3–4 Minuten unter Rühren dünsten.

4 Bohnenmischung und Petersilie dazugeben, mit Salz und Pfeffer abschmecken und gut mischen. Vom Herd nehmen und etwas abkühlen lassen.

5 Die Mischung zu vier gleich großen ovalen Klößen formen.

6 Die Knoblauchbutter in vier Stücke schneiden und diese jeweils in die Mitte eines jeden Kloßes drücken. Die Bohnenmischung um die Butter herum wieder zum Oval zusammendrücken, sodass die Butter sich im Inneren der Klöße befindet.

7 Jeden Kloß in das Ei tauchen und in den Brotkrümeln wälzen.

8 Öl in einer Pfanne erhitzen und die Klöße 7–10 Minuten braten, bis sie goldbraun sind. Dabei einmal wenden. Servieren.

Cashew-Paella

Für 4 Personen

ZUTATEN

2 EL Olivenöl
1 EL Butter
1 rote Zwiebel, fein gehackt
150 g Arborioreis
1 TL gemahlener Kurkuma
1 TL gemahlener Kreuzkümmel
1/2 TL Chilipulver
1 grüne Chili, in dünnen Scheiben
3 Knoblauchzehen, zerdrückt
1 grüne Paprika, gewürfelt
1 rote Paprika, gewürfelt
75 g Babymaiskolben, längs halbiert
2 EL schwarze Oliven, entsteint
1 große Tomate, entkernt und gewürfelt
450 ml Gemüsebrühe
75 g ungesalzene Cashewnüsse
25 g Tiefkühlerbsen
Salz und Pfeffer
2 EL gehackte Petersilie
1 Prise Cayennepfeffer
frische Kräuter, zum Garnieren

1 Olivenöl und Butter in einer großen Pfanne oder einer Paellapfanne erhitzen, bis die Butter geschmolzen ist.

2 Die Zwiebel zugeben und 2–3 Minuten unter Rühren dünsten, bis sie glasig ist.

3 Reis, Kurkuma, Kreuzkümmel, Chilipulver und -scheiben, Knoblauch, Paprika, Mais, Oliven und Tomate hineinrühren und bei mittlerer Hitze unter gelegentlichem Rühren 1–2 Minuten schmoren.

4 Die Brühe hinzugießen und die Mischung zum Kochen bringen. Die Hitze reduzieren und 20 Minuten kochen, dabei mehrfach umrühren.

5 Cashewnüsse und Erbsen zugeben und weitere 5 Minuten unter gelegentlichem Rühren kochen. Mit Salz und Pfeffer abschmecken, mit Petersilie und Cayennepfeffer bestreuen und mit frischen Kräutern garnieren. Auf vorgewärmte Teller geben und sofort servieren.

TIPP

Um dem Gericht Authentizität und ein noch besseres Aroma zu verleihen, verwenden Sie ein paar Safranfäden statt Kurkuma. Safran hat ein wundervoll nussartiges Aroma.

Gemüse-Tofu-Strudel

Für 4 Personen

ZUTATEN

FÜLLUNG:
2 EL Pflanzenöl
2 EL Butter oder Margarine
150 g Kartoffeln, fein gewürfelt
1 Porreestange, geraspelt
2 Knoblauchzehen, zerdrückt
1 TL Garam Masala
1/2 TL Chilipulver
1/2 TL Kurkuma
50 g Okras, in Scheiben
100 g kleine Champignons, in Scheiben
2 Tomaten, gewürfelt
225 g fester Tofu, gewürfelt
Salz und Pfeffer
12 Blätter Filo-Teig
2 EL Butter oder Margarine, geschmolzen

1 Für die Füllung Öl und Butter in einer Pfanne erhitzen. Kartoffeln und Porree zugeben und 2–3 Minuten unter Rühren dünsten.

2 Knoblauch, Gewürze, Okras, Champignons, Tomaten und Tofu zugeben, mit Salz und Pfeffer abschmecken und 5–7 Minuten unter häufigem Rühren schmoren, bis die Gemüsestücke zart sind.

3 Die Teigblätter auf einem Brett mit Butter einpinseln. Jeweils 3 Blätter zu Stapeln aufeinanderlegen.

4 Je ein Viertel der Füllung entlang der Mitte der Teigstapel verteilen und die Ränder mit Butter einpinseln. Die kurzen Enden nach innen falten und die Teigblätter zu einer zigarrenartigen Form aufrollen. Die Strudel auf ein gefettetes Backblech legen.

5 Im vorgeheizten Ofen (190 °C) 20 Minuten backen, bis die Strudel goldbraun sind. Sofort servieren.

TIPP

Wenn Sie die Strudeltaschen außen noch mit Teig dekorieren, sieht das sehr gut aus!

3

4

4

Gemüse-Lasagne

Für 4 Personen

ZUTATEN

1 Aubergine, in Scheiben
Salz
3 EL Olivenöl
2 Knoblauchzehen, zerdrückt
1 rote Zwiebel, halbiert und in Ringen
1 grüne Paprika, gewürfelt
1 rote Paprika, gewürfelt
1 gelbe Paprika, gewürfelt
225 g gemischte Pilze, in Scheiben
2 Selleriestangen, in Scheiben
1 Zucchini, gewürfelt
1/2 TL Chilipulver
1/2 TL gemahlener Kreuzkümmel
2 Tomaten, in Stücken
300 ml passierte Tomaten
2 EL gehacktes Basilikum
Salz und Pfeffer
8 grüne Lasagneblätter (ohne Vorkochen zu verwenden)

KÄSESAUCE:
2 EL Butter oder Margarine
1 EL Mehl
150 g Gemüsebrühe
300 ml Milch
75 g vegetarischer Cheddar, gerieben
1 TL Dijonsenf
1 EL gehacktes Basilikum
1 Ei, verquirlt

1 Die Auberginen salzen und 20 Minuten ziehen lassen. Abspülen und beiseitestellen. Das Öl erhitzen, Knoblauch und Zwiebel andünsten. Paprika, Pilze, Sellerie und Zucchini zugeben und 2–3 Minuten schmoren. Die Gewürze hineinrühren und 1 Minute weiterkochen. Tomaten und Basilikum mischen und mit Salz und Pfeffer abschmecken.

2 Butter oder Margarine schmelzen, das Mehl zugeben und 1 Minute erhitzen. Vom Herd nehmen, Brühe und Milch hineinrühren. Wieder auf den Herd stellen und die Hälfte des Käses und den Senf zugeben. Unter ständigem Rühren kochen lassen, bis die Sauce angedickt ist. Basilikum unterheben, vom Herd nehmen und das Ei hineinrühren. Die Hälfte der Lasagneblätter in eine ofenfeste Form geben. Die Hälfte der Gemüsemischung sowie der Tomatensauce darauf verteilen. Die Hälfte der Auberginen daraufschichten. Dies wiederholen, mit der Käsesauce und dem restlichen Käse bestreuen und im vorgeheizten Ofen (180 °C) 40 Minuten backen.

Linsen-Reis-Kasserolle

Für 4 Personen

ZUTATEN

225 g rote Linsen
100 g Langkornreis
1 l Gemüsebrühe
150 ml trockener Weißwein
1 Porreestange, in größeren Stücken
3 Knoblauchzehen, zerdrückt
400 g Tomaten aus der Dose, in Stücken
1 TL gemahlener Kreuzkümmel
1 TL Chilipulver
1 TL Garam Masala
1 rote Paprika, in Streifen geschnitten
100 g kleine Brokkoliröschen
8 Babymaiskolben, längs halbiert
50 g grüne Bohnen, halbiert
1 EL frische gehackte Basilikumblätter
Salz und Pfeffer
frische Basilikumblätter, zum Garnieren

1 Linsen, Reis, Gemüsebrühe und Weißwein in eine feuerfeste Kasserolle geben und bei milder Hitze 20 Minuten kochen, dabei gelegentlich umrühren.

2 Porree, Knoblauch, Tomaten, Kreuzkümmel, Chilipulver, Garam Masala, Paprika, Brokkoli, Mais und Bohnen hinzugeben.

3 Die Mischung zum Kochen bringen, die Hitze reduzieren, den Topf zudecken und 10–15 Minuten köcheln lassen, bis die Gemüsestücke zart sind.

4 Das gehackte Basilikum zugeben und mit Salz und Pfeffer abschmecken.

5 Mit frischen Basilikumblättern garnieren und sofort servieren.

VARIATION

Sie können für dieses Rezept auch eine andere Reissorte wie Wildreis verwenden.

1

2

4

Gemüse-Hotpot

Für 4 Personen

ZUTATEN

2 große Kartoffeln, in dünnen Scheiben
2 EL Pflanzenöl
1 rote Zwiebel, halbiert und in Ringen
1 Porreestange, in Ringen
2 Knoblauchzehen, zerdrückt
1 Karotte, in größeren Stücken
100 g Brokkoliröschen
100 g Blumenkohlröschen
2 kleine weiße Rüben, geviertelt
1 EL Mehl
700 ml Gemüsebrühe
150 g trockener Cidre
1 Apfel, in Scheiben
2 EL gehackter Salbei
1 Prise Cayennepfeffer
Salz und Pfeffer
50 g vegetarischer Cheddar, gerieben

1 Die Kartoffelscheiben in kochendes Salzwasser geben und 10 Minuten kochen. Abgießen und beiseitestellen.

2 Das Öl in einer feuerfesten Kasserolle erhitzen, Zwiebel, Porree und Knoblauch 2–3 Minuten darin dünsten. Die übrigen Gemüsesorten zugeben und unter Rühren 3–4 Minuten schmoren.

3 Das Mehl zugeben und 1 weitere Minute schmoren. Brühe und Cidre nach und nach zugeben und die Mischung zum Kochen bringen. Apfel, Salbei, Cayennepfeffer sowie Salz und Pfeffer zugeben. Vom Herd nehmen und die Gemüsestücke in eine ofenfeste Form geben.

4 Die Gemüsemischung mit den Kartoffelscheiben bedecken.

5 Den Käse auf die Kartoffeln streuen und im vorgeheizten Ofen (190 °C) 30–35 Minuten backen, bis die Kartoffeln goldbraun und knusprig sind. Sofort servieren.

TIPP

Wenn die Kartoffeln zu schnell braun werden, decken Sie sie für die letzten 10 Minuten der Backzeit mit Alufolie ab.

Gemüse-Chop-Suey

Für 4 Personen

ZUTATEN

2 EL Erdnussöl
1 Zwiebel, gehackt
3 Knoblauchzehen, klein gehackt
1 grüne Paprika, gewürfelt
1 rote Paprika, gewürfelt
100 g Brokkoliröschen
1 Zucchini, in Scheiben
25 g grüne Bohnen
2 Karotten, in kleinen Stiften
100 g Bohnensprossen
2 TL brauner Zucker
2 EL helle Sojasauce
125 ml Gemüsebrühe
Salz und Pfeffer
Nudeln, zum Servieren

1 Das Öl im vorgeheizten Wok stark erhitzen. Zwiebel und Knoblauch zufügen und unter Rühren 30 Sekunden anbraten.

2 Paprika, Brokkoli, Zucchini, Bohnen und Karotten zugeben und unter Rühren weitere 2–3 Minuten braten.

3 Bohnensprossen, Zucker, Sojasauce und Gemüsebrühe zugeben. Mit Salz und Pfeffer abschmecken und etwa 2 Minuten kochen.

4 Auf Teller geben und sofort mit den Nudeln zusammen servieren.

TIPP

Die praktische Form des Wok mit seinen hohen schrägen Wänden ermöglicht es, die Zutaten rasch hin und her zu schwenken, sodass sie schnell und gleichmäßig gar werden. Dafür ist es sehr wichtig, den Wok ausreichend vorzuheizen.

TIPP

Achten Sie darauf, dass die Gemüsestücke die gleiche Größe haben, damit sie gleichzeitig gar sind.

VARIATION

1 EL Chiliöl macht das Gericht schärfer, und Cashewnüsse verleihen ihm einen kräftigen Biss.

Gemüse auf Pfannkuchenteig

Für 4 Personen

ZUTATEN

TEIG:
100 g Mehl
Salz
2 Eier, verquirlt
200 ml Milch
2 EL körniger Senf
2 EL Pflanzenöl

FÜLLUNG:
2 EL Butter
2 Knoblauchzehen, zerdrückt
1 Zwiebel, geachtelt
100 g kleine Karotten, längs halbiert
75 g grüne Bohnen
75 g Maiskörner aus der Dose, abgetropft
2 Tomaten, entkernt und in Stücken
1 TL körniger Senf
1 EL gemischte gehackte Kräuter
Salz und Pfeffer

1 Für den Teig das Mehl in eine große Schüssel sieben, Salz untermischen. In die Mitte eine Vertiefung drücken, Eier und Milch hineingeben und mit dem Mehl verrühren. Den Senf hineinmischen und beiseitestellen.

2 Das Öl in eine flache ofenfeste Schale geben und im vorgeheizten Ofen (200 °C) 10 Minuten erhitzen.

3 Für die Füllung Butter in einer Pfanne schmelzen, Knoblauch und Zwiebel 2 Minuten unter Rühren darin dünsten. Karotten und Bohnen 7 Minuten in Wasser kochen, bis sie zart sind, gut abgießen.

4 Mais und Tomaten mit Senf und Kräutern in die Pfanne geben. Salzen und pfeffern, Karotten und Bohnen zufügen.

5 Die Form aus dem Ofen nehmen und den Teig hineingießen. Die Gemüsemischung darauf verteilen und 30–35 Minuten backen, bis der Teig aufgegangen und fest geworden ist. Sofort servieren.

TIPP

Es ist wichtig, dass das Öl im Ofen richtig heiß wird, damit der Teig sofort zu garen und aufzugehen beginnt.

Gemüse mit Tofu süß-sauer

Für 4 Personen

ZUTATEN

1 EL Erdnussöl
2 Knoblauchzehen, zerdrückt
1 TL Ingwerwurzel, gerieben
50 g Babymaiskolben
50 g Zuckerschoten
1 Karotte, gestiftelt
1 grüne Paprika, gestiftelt
8 Frühlingszwiebeln, geputzt
50 g Bambussprossen aus der Dose
225 g fester marinierter Tofu, gewürfelt
1 EL trockener Sherry
2 EL Reisessig
2 EL klarer Honig
1 EL helle Sojasauce
150 ml Gemüsebrühe
1 EL Speisestärke

1 Das Öl im vorgeheizten Wok erhitzen, bis es fast raucht.

2 Knoblauch und Ingwer zugeben und 30 Sekunden unter kräftigem Rühren anbraten.

3 Babymaiskolben, Zuckerschoten, Karotte und Paprika zufügen und etwa 5 Minuten unter Rühren braten, bis das Gemüse weich ist.

4 Frühlingszwiebeln, Bambussprossen und Tofu zugeben und weitere 2 Minuten braten.

5 Sherry, Reisessig, Honig, Sojasauce, Brühe und Speisestärke einrühren und zum Kochen bringen. Die Hitze reduzieren und 2 Minuten köcheln lassen. Auf Teller geben und sofort servieren.

VARIATION

Sie können jedes Gemüse aus diesem Rezept durch ein anderes ersetzen. Wählen Sie kräftig und unterschiedlich gefärbte Gemüsesorten.

Würzige Kartoffel-Zitronen-Kasserolle

Für 4 Personen

ZUTATEN

- 100 ml Olivenöl
- 2 rote Zwiebeln, geachtelt
- 3 Knoblauchzehen, zerdrückt
- 2 TL gemahlener Kreuzkümmel
- 2 TL gemahlener Koriander
- 1 Prise Cayennepfeffer
- 1 Karotte, in dicken Scheiben
- 2 kleine weiße Rüben, geviertelt
- 1 Zucchini, in Scheiben
- 450 g Kartoffeln, in dicken Scheiben
- Saft und Schale von 2 großen Zitronen
- 300 ml Gemüsebrühe
- Salz und Pfeffer
- 2 EL gehackter Koriander

1 Das Öl in einer feuerfesten Kasserolle erhitzen.

2 Die Zwiebeln zugeben und unter Rühren 3 Minuten dünsten.

3 Den Knoblauch zufügen und 30 Sekunden dünsten. Die Gewürze zugeben und unter Rühren 1 weitere Minute dünsten.

4 Karotte, Rüben, Zucchini und Kartoffeln zugeben und mischen, sodass sie von allen Seiten ölig sind.

5 Zitronensaft und -schale sowie Gemüsebrühe zufügen und mit Salz und Pfeffer abschmecken, zugedeckt bei mittlerer Hitze 20–30 Minuten kochen. Dabei gelegentlich umrühren.

6 Den Deckel abnehmen, mit dem Koriander bestreuen und gut umrühren. Sofort servieren.

TIPP

Prüfen Sie gelegentlich, dass die Gemüsestücke nicht ansetzen. Geben Sie, falls nötig, noch etwas kochendes Wasser oder Gemüsebrühe zu.

TIPP

Eine Auswahl von Gewürzen und Kräutern ist wichtig, um Ihrer Küche Abwechslung zu verleihen – erweitern Sie Ihren Vorrat kontinuierlich.

Blumenkohlauflauf

Für 4 Personen

ZUTATEN

450 g Blumenkohlröschen
4 große Kartoffeln, gewürfelt
100 g Kirschtomaten

SAUCE:
40 g Butter oder Margarine
1 Porreestange, in Ringen
1 Knoblauchzehe, zerdrückt
25 g Mehl
400 ml Milch
75 g gemischter Käse (z. B. vegetarischer Cheddar, Parmesan und Gruyère), gerieben
1/2 TL Paprikapulver
2 EL gehackte glatte Petersilie
Salz und Pfeffer
frische gehackte Petersilie, zum Garnieren

1 Den Blumenkohl 10 Minuten in Wasser kochen. Gut abgießen und beiseitestellen. Gleichzeitig die Kartoffeln 10 Minuten in Wasser kochen, abgießen und ebenfalls beiseitestellen.

2 Für die Sauce die Butter oder Margarine in einem Topf schmelzen, Porree und Knoblauch 1 Minute andünsten. Das Mehl zugeben und 1 Minute mitdünsten. Den Topf vom Herd nehmen und nach und nach Milch, 50 g des Käses, Paprika und Petersilie einrühren. Den Topf zurück auf den Herd stellen und die Mischung unter Rühren zum Kochen bringen. Mit Salz und Pfeffer abschmecken.

3 Den Blumenkohl in eine tiefe ofenfeste Form geben. Die Kirschtomaten zugeben und mit den Kartoffeln bedecken. Die Sauce über die Kartoffeln gießen und mit dem übrigen Käse bestreuen.

4 Im vorgeheizten Ofen (180 °C) 20 Minuten backen, bis das Gemüse gar ist und der Käse goldbraun ist und Blasen wirft. Garnieren und sofort servieren.

VARIATION

Für dieses Gericht können Sie auch Brokkoli anstelle des Blumenkohls verwenden.

2

3

3

Porree-Soufflé mit Kräutern

Für 4 Personen

ZUTATEN

350 g kleine Porreestangen	50 g Walnüsse	2 EL gehackte gemischte Kräuter
1 EL Olivenöl	2 Eier, getrennt	2 EL Naturjoghurt
125 ml Gemüsebrühe		Salz und Pfeffer

1 Die Porreestangen mit einem scharfen Messer fein hacken.

2 Das Öl in einer Pfanne erhitzen und den Porree 2–3 Minuten dünsten.

3 Die Brühe zugeben und bei mäßiger Hitze weitere 5 Minuten kochen.

4 Die Walnüsse in einer Küchenmaschine fein hacken.

5 Die Porreemischung zu den Nüssen geben und pürieren. In eine Rührschüssel füllen.

6 Eidotter, Kräuter und Joghurt mischen und in das Porreepüree gießen. Mit Salz und Pfeffer abschmecken und gut mischen.

7 Das Eiweiß in einer sauberen Schüssel steif schlagen.

8 Das Eiweiß unter die Porreemischung heben. Die Mischung in eine leicht gefettete Souffléform (Inhalt ca. 900 ml) geben und auf ein heißes Backblech stellen.

9 Im vorgeheizten Ofen (190 °C) 35–40 Minuten backen, bis das Soufflé fest geworden ist. Sofort servieren.

Artischocken-Käse-Tarte

Für 4 Personen

ZUTATEN

175 g Weizenvollkornmehl
1 Prise Salz
2 Knoblauchzehen, zerdrückt
75 g Butter oder Margarine
3 EL Wasser

FÜLLUNG:
2 EL Olivenöl
1 rote Zwiebel, halbiert und in Ringen
10 Artischockenherzen, frisch oder aus der Dose
100 g vegetarischer Cheddar, gerieben
50 g Gorgonzola, zerkrümelt
2 Eier, verquirlt
1 El frischer gehackter Rosmarin
150 ml Milch
Salz und Pfeffer

1 Das Mehl in eine Rührschüssel geben, eine Prise Salz und den Knoblauch zufügen. Die Butter oder Margarine einkneten, bis die Mischung eine krümelige Konsistenz hat. Das Wasser einrühren und zu einem Teig verkneten.

2 Den Teig auf einer leicht mit Mehl bestäubten Oberfläche auf die Größe einer Backform mit etwa 20 cm Durchmesser ausrollen und in die Form geben. Den Teig mit einer Gabel mehrmals einstechen.

3 Für die Füllung das Öl in einer Pfanne erhitzen und die Zwiebel 3 Minuten dünsten. Die Artischockenherzen zufügen und weitere 2 Minuten schmoren.

4 Die Käsesorten mit Eiern, Rosmarin und Milch mischen. Die Artischockenmischung abgießen und zugeben. Mit Salz und Pfeffer abschmecken.

5 Die Artischocken-Käse-Mischung in die mit Teig ausgelegte Form geben und im vorgeheizten Ofen (200 °C) 25 Minuten backen, bis das Gericht gar und die Eimasse gestockt ist. Die Tarte heiß oder kalt servieren.

TIPP

Drücken Sie die Tarte in der Mitte sanft mit dem Finger ein. Sie sollte sich relativ fest, aber nicht zu fest anfühlen. Wenn sie zu lange gebacken wird, „weint" die Tarte.

2

3

5

Pasta mit Spinat & Pinienkernen

Für 4 Personen

ZUTATEN

- 400 g Pasta (unterschiedliche Formen oder Spaghetti)
- 125 ml Olivenöl
- 2 Knoblauchzehen, zerdrückt
- 1 Zwiebel, geviertelt und in Ringen
- 3 große Champignons, in Scheiben
- 225 g Spinat
- 2 EL Pinienkerne
- 85 ml trockener Weißwein
- Salz und Pfeffer
- geriebener Parmesan, zum Garnieren

1 Die Pasta 8–10 Minuten in Salzwasser „al dente" kochen und gut abgießen.

2 In der Zwischenzeit das Öl in einem großen Topf erhitzen, Knoblauch und Zwiebel 1 Minute andünsten.

3 Die Champignons zugeben und 2 Minuten mitdünsten, dabei gelegentlich umrühren.

4 Den Spinat zufügen und 4–5 Minuten dünsten, bis er zusammengefallen ist.

5 Pinienkerne und Wein einrühren, mit Salz und Pfeffer abschmecken und 1 Minute kochen.

6 Die Pasta in eine vorgewärmte Schüssel füllen und die Sauce daraufgeben. Gut mischen, mit dem geriebenen Parmesan garnieren und servieren.

TIPP

Reiben Sie ein wenig Muskatnuss über das Gericht, die zu Spinat passt und der Pasta ein besonderes Aroma gibt.

TIPP

„Al dente" bedeutet, dass die Pasta zwar weich ist, aber noch etwas Biss hat.

Pfannenrührgericht mit Tofu & Gemüse

Für 4 Personen

ZUTATEN

- 175 g Kartoffeln, gewürfelt
- 1 EL Olivenöl
- 1 rote Zwiebel, in Ringen
- 225 g fester Tofu, gewürfelt
- 2 Zucchini, gewürfelt
- 8 Artischockenherzen aus der Dose, halbiert
- 150 ml passierte Tomaten
- 1 TL feiner Zucker
- 2 EL gehacktes Basilikum
- Salz und Pfeffer

1 Die Kartoffeln 10 Minuten in Wasser kochen. Gut abtropfen lassen und beiseitestellen.

2 Das Öl in einer großen Pfanne erhitzen und die Zwiebel 2 Minuten unter Rühren weich dünsten.

3 Tofu und Zucchini zugeben und 3–4 Minuten mitschmoren, bis sie leicht braun sind. Die Kartoffeln zugeben und mischen.

4 Artischockenherzen, passierte Tomaten, Zucker und Basilikum einrühren, mit Salz und Pfeffer abschmecken und weitere 5 Minuten kochen, dabei häufig umrühren. Das Pfannenrührgericht in Schalen füllen und sofort servieren.

TIPP

Artischockenherzen aus der Dose sollten abgetropft und unter Wasser abgespült werden, da sie oft in Salzlake aufbewahrt werden.

VARIATION

Sie können anstelle der Zucchini auch Auberginen verwenden.

Pfannenrührgericht mit Gartengemüse

Für 4 Personen

ZUTATEN

2 EL Erdnussöl
1 TL chinesisches Fünf-Gewürze-Pulver
75 g kleine Karotten, halbiert
2 Selleriestangen, in Scheiben
2 kleine Porreestangen, in Ringen
50 g Zuckerschoten
4 kleine Zucchini, längs halbiert
8 Babymaiskolben
225 g fester marinierter Tofu, gewürfelt
4 EL frischer Orangensaft
1 EL klarer Honig
Sellerieblätter und Orangenzesten, zum Garnieren
Reis oder Nudeln, zum Servieren

1 Das Öl im vorgeheizten Wok erhitzen, bis es fast raucht. Fünf-Gewürze-Pulver, Karotten, Sellerie, Porree, Zuckerschoten, Zucchini und Maiskolben zugeben und 3–4 Minuten braten.

2 Den Tofu zufügen und weitere 2 Minuten unter Rühren braten.

3 Orangensaft und Honig einrühren, die Hitze reduzieren und 1–2 Minuten dünsten.

4 Das Pfannenrührgericht in eine Schüssel geben, mit Sellerieblättern und Orangenzesten garnieren und mit Reis oder Nudeln servieren.

TIPP

Chinesisches Fünf-Gewürze-Pulver ist ein Mischung aus Fenchel, Sternanis, Stangenzimt, Gewürznelken und Szechuan-Pfeffer. Es hat einen starken Geschmack und sollte deshalb nur sparsam verwendet werden.

Risotto Verde

Für 4 Personen

ZUTATEN

1¾ l Gemüsebrühe
2 EL Olivenöl
2 Knoblauchzehen, zerdrückt
2 Porreestangen, geraspelt
400 g Arborioreis
300 ml trockener Weißwein
4 EL gehackte gemischte Kräuter
225 g junger Spinat
Salz und Pfeffer
3 EL Naturjoghurt
Porreeraspel, zum Garnieren

1 Die Brühe in einem großen Topf zum Kochen bringen. Die Hitze reduzieren, sodass die Brühe nur noch köchelt.

2 In der Zwischenzeit das Öl in einem anderen Topf erhitzen, Knoblauch und Porree 2–3 Minuten weich dünsten.

3 Den Reis einrühren und 2 Minuten mitdünsten, bis er vom Öl überzogen ist.

4 Die Hälfte des Weins und ein wenig Brühe zugießen. Bei mäßiger Hitze kochen, bis die Flüssigkeit aufgesogen ist. Übrige Brühe und übrigen Wein zufügen und bei niedriger Hitze 25 Minuten kochen, bis der Reis cremig ist.

5 Gemischte Kräuter und Spinat zugeben, gut mit Salz und Pfeffer abschmecken und 2 Minuten kochen.

6 Den Joghurt einrühren, mit den Porreeraspeln garnieren und sofort servieren.

TIPP

Versuchen Sie nicht, den Kochprozess des Risottos zu beschleunigen. Der Reis muss die Flüssigkeit langsam aufsaugen.

Gebackene Pasta mit Tomatensauce

Für 4 Personen

ZUTATEN

400 g Pasta, z. B. Penne oder Maccaroni
1 EL Olivenöl
1 Porreestange, gehackt
3 Knoblauchzehen, zerdrückt
1 grüne Paprika, gewürfelt
400 g Tomaten aus der Dose, in Stücken
2 EL schwarze Oliven, entsteint und gehackt
2 Eier, verquirlt
1 EL gehacktes Basilikum
Salz und Pfeffer

TOMATENSAUCE:
1 EL Olivenöl
1 Zwiebel, gehackt
225 g Tomaten aus der Dose, in Stücken
1 TL feiner Zucker
2 EL Tomatenmark
150 ml Gemüsebrühe

1 Die Pasta 8 Minuten in Salzwasser kochen und gut abgießen.

2 In der Zwischenzeit das Öl in einem Topf erhitzen, Porree und Knoblauch 2 Minuten unter Rühren andünsten. Paprika, Tomaten und Oliven zugeben und 5 Minuten mitschmoren.

3 Den Topf vom Herd nehmen, Pasta, Eier und Basilikum einrühren. Mit Salz und Pfeffer abschmecken und in eine leicht gefettete Auflaufform (Inhalt etwa 1 Liter) geben.

4 Die Auflaufform in eine tiefe Fettpfanne oder einen Bratentopf setzen und diesen bis zur Hälfte mit kochendem Wasser füllen. Abdecken und im vorgeheizten Ofen (180 °C) 40 Minuten im Wasserbad garen, bis die Masse gestockt ist.

5 Für die Sauce das Öl in einem Topf erhitzen und die Zwiebel 2 Minuten andünsten. Die übrigen Zutaten zugeben und 10 Minuten kochen. Die Sauce in der Küchenmaschine glatt pürieren. In einem Topf erhitzen. Die Pasta aus der Auflaufform auf eine warme Servierplatte stürzen. In Scheiben schneiden und mit der Sauce servieren.

Spaghetti mit Birnen-Walnuss-Sauce

Für 4 Personen

ZUTATEN

225 g Spaghetti
2 kleine reife Birnen, geschält und in Scheiben
150 ml Gemüsebrühe
85 ml trockener Weißwein
2 EL Butter
1 EL Olivenöl
1 rote Zwiebel, geviertelt und in Ringen
1 Knoblauchzehe, zerdrückt
50 g Walnusskernhälften
2 EL gehackter Oregano
1 EL Zitronensaft
75 g Dolcelatte-Käse
Salz und Pfeffer
frische Oreganozweige, zum Garnieren

1 Die Pasta in Salzwasser 8-10 Minuten „al dente" kochen. Gut abgießen und warm halten.

2 In der Zwischenzeit die Birnen in einen Topf geben und mit Brühe und Wein übergießen. Die Birnen bei mäßiger Hitze 10 Minuten pochieren. Abgießen und Birnen sowie Kochflüssigkeit beiseitestellen.

3 Butter und Öl in einem Topf erhitzen, bis die Butter schmilzt. Zwiebel und Knoblauch 2–3 Minuten unter Rühren dünsten.

4 Walnüsse, Oregano und Zitronensaft einrühren.

5 Die Birnen mit 4 Esslöffeln der Pochierflüssigkeit einrühren.

6 Den Käse in den Topf krümeln und die Mischung 1–2 Minuten bei mäßiger Hitze kochen, bis der Käse zu schmelzen beginnt. Dabei gelegentlich umrühren. Die Sauce salzen und pfeffern.

7 Die Pasta mit der Sauce vermengen, garnieren und servieren.

TIPP

Für dieses Gericht können Sie jeden aromatischen Blauschimmelkäse verwenden, etwa Roquefort, mit einem sehr intensiven Aroma, Gorgonzola oder Stilton.

Beilagen

Wenn Ihnen die Ideen für interessante Beilagen ausgehen, sollten diese Rezepte eine willkommene Anregung sein. Eine gute Beilage ergänzt das Hauptgericht sowohl optisch als auch hinsichtlich der Nährstoffe. Viele Hauptgerichte sind proteinreich, deswegen sind für dieses Kapitel Rezepte zusammengestellt worden, die ein wenig leichter, aber dennoch ideenreich und vielfältig im Geschmack sind. Sie werden auf unterschiedlichste Art zubereitet – es gibt Gebackenes und Gebratenes, gedünstetes Gemüse und Schmorgerichte. Und sie alle sind ideale Begleiter bei den verschiedensten Anlässen.

Dieses Kapitel enthält darüber hinaus eine Auswahl köstlicher Salate, die wohlschmeckend und optisch ansprechend sind. Bereiten Sie sie als Beilage oder in einer größeren Portion als Hauptmahlzeit zu. Wählen Sie den richtigen Salat zum Hauptgericht – vergewissern Sie sich, dass Geschmack und Konsistenz sich ergänzen. Das Geheimnis eines gelungenen Salats liegt in der Frische seiner Zutaten. Probieren Sie einige der Vorschläge aus und entdecken Sie leckere Beilagen, die Sie in Ihr Repertoire aufnehmen können.

Käse-Kartoffel-Schichtauflauf

Für 4 Personen

ZUTATEN

600 g Kartoffeln
2 Porreestangen, in Ringen
3 Knoblauchzehen, zerdrückt
130 g vegetarischer Cheddar, gerieben
30 g Parmesan, gerieben
2 EL gehackte Petersilie
200 ml Sahne
200 ml Milch
Salz und Pfeffer
frische gehackte glatte Petersilie, zum Garnieren

1 Die Kartoffeln 10 Minuten in Salzwasser kochen. Gut abgießen.

2 Die Kartoffeln in dünne Scheiben schneiden. Eine Schicht Kartoffeln auf den Boden einer ofenfesten Form legen. Ein wenig Porree, Knoblauch, Käse und Petersilie darauf verteilen.

3 Die Schichten wiederholen, bis alle Zutaten aufgebraucht sind; mit einer Käseschicht abdecken.

4 Sahne und Milch mischen, mit Salz und Pfeffer abschmecken und über den Schichtauflauf gießen.

5 Im vorgeheizten Ofen (160 °C) 1–1¼ Stunden backen, bis der Käse goldbraune Blasen wirft und die Kartoffeln gar sind.

6 Mit der Petersilie garnieren und sofort servieren.

TIPP

Grana Padano ist eine Parmesansorte, die in der Regel vegetarisch ist. Da Parmesan schnell sein Aroma verliert, ist es besser, ihn in kleinen Stücken zu kaufen und nur bei Bedarf zu reiben. Wickeln Sie den Rest in Alufolie und bewahren Sie ihn im Kühlschrank auf.

2

2

4

Würzkartoffeln & Spinat auf indische Art

Für 4 Personen

ZUTATEN

3 EL Pflanzenöl
1 rote Zwiebel, in Ringen
2 Knoblauchzehen, zerdrückt
1/2 TL Chilipulver
2 TL gemahlener Koriander
1 TL gemahlener Kreuzkümmel
150 ml Gemüsebrühe
300 g Kartoffeln, gewürfelt
450 g junger Spinat
Salz und Pfeffer
1 rote Chili, in dünnen Ringen

1 Das Öl in einer Pfanne erhitzen, Zwiebel und Knoblauch unter Rühren 2–3 Minuten dünsten.

2 Chilipulver, Koriander und Kreuzkümmel einrühren und 30 Sekunden mitdünsten.

3 Gemüsebrühe, Kartoffeln und Spinat zugeben und zum Kochen bringen. Die Hitze reduzieren, die Pfanne abdecken und 10 Minuten köcheln lassen, bis die Kartoffeln gar sind.

4 Mit Salz und Pfeffer abschmecken, die Chiliringe zugeben und noch 2–3 Minuten kochen. Servieren.

TIPP

Seien Sie sehr vorsichtig, wenn Sie Chillies verarbeiten – berühren Sie niemals Gesicht oder Augen: Der Chilisaft kann brennende Schmerzen verursachen. Waschen Sie Ihre Hände gründlich. Die Samen sind der schärfste Teil der Chili, aber weniger geschmacksintensiv, deshalb werden sie entfernt.

Curryblumenkohl & Spinat

Für 4 Personen

ZUTATEN

- 1 mittelgroßer Kopf Blumenkohl
- 6 EL Pflanzenöl
- 1 TL Senfkörner
- 1 TL gemahlener Kreuzkümmel
- 1 TL Garam Masala
- 1 TL Kurkuma
- 2 Knoblauchzehen, zerdrückt
- 1 Zwiebel, halbiert und in Ringen
- 1 grüne Chili, in dünnen Ringen
- 450 g Spinat
- 85 ml Gemüsebrühe
- 1 EL gehackter Koriander
- Salz und Pfeffer
- Korianderblätter, zum Garnieren

1 Den Blumenkohl in kleine Röschen brechen.

2 Das Öl in einer tiefen feuerfesten Kasserolle erhitzen. Senfkörner zugeben und erhitzen, bis sie aufzuspringen beginnen.

3 Die übrigen Gewürze, Knoblauch, Zwiebel und Chili zugeben und unter Rühren 2–3 Minuten mitdünsten.

4 Blumenkohl, Spinat, Gemüsebrühe, Koriander, Salz und Pfeffer zugeben und 15 Minuten bei mäßiger Hitze kochen, bis der Blumenkohl zart ist. Den Deckel vom Topf nehmen und 1 Minute einkochen lassen. Garnieren und servieren.

TIPP

Senfkörner werden in ganz Indien verwendet und sind auch in der südländischen vegetarischen Küche äußerst beliebt. Sie werden in Öl „frittiert", bevor die anderen Zutaten zugegeben werden, um ihr Aroma zu entfalten.

Auflauf mit Auberginen & Zucchini

Für 4 Personen

ZUTATEN

2 große Auberginen, in Scheiben
4 Zucchini
800 g Tomaten aus der Dose, abgetropft und in Stücken
2 EL Tomatenmark
2 Knoblauchzehen, zerdrückt
50 ml Olivenöl
1 TL feiner Zucker
2 EL gehacktes Basilikum
Salz und Pfeffer
Olivenöl zum Braten
225 g Mozzarella, in Scheiben
frische Basilikumblätter, zum Garnieren

1 Die Auberginen in ein Sieb geben und mit Salz bestreuen. 30 Minuten stehen lassen, dann gut mit kaltem Wasser abspülen und abtropfen lassen. Die Zucchini in dünne Scheiben schneiden.

2 In der Zwischenzeit Tomaten, Tomatenmark, Knoblauch, Olivenöl, Zucker und Basilikum in einen Topf geben und 20 Minuten köcheln lassen, bis die Mischung auf die Hälfte ihrer Menge eingekocht ist. Mit Salz und Pfeffer abschmecken.

3 2 Esslöffel Olivenöl in einer großen Pfanne erhitzen und die Auberginenscheiben 2–3 Minuten darin braten, bis sie beginnen, braun zu werden. Aus der Pfanne nehmen.

4 Weitere 2 Esslöffel Olivenöl in die Pfanne geben und die Zucchinischeiben braten, bis sie gebräunt sind.

5 Die Hälfte der Auberginenscheiben in eine ofenfeste Form legen. Mit der Hälfte der Tomatensauce, der Hälfte der Zucchini und der Hälfte des Mozzarella belegen.

6 Diese Schichtungen wiederholen und im vorgeheizten Ofen (180 °C) 45–50 Minuten backen, bis die Gemüsestücke gar sind. Mit dem Basilikum garnieren und servieren.

Gebackener Sellerie mit Sahne & Pekannüssen

Für 4 Personen

ZUTATEN

1 Selleriestaude
1/2 TL gemahlener Kreuzkümmel
1/2 TL gemahlener Koriander
1 Knoblauchzehe, zerdrückt
1 rote Zwiebel, in dünnen Ringen
50 g Pekannusshälften
150 ml Gemüsebrühe
150 ml Sahne
Salz und Pfeffer
50 g Vollkornbrotkrümel
25 g Parmesan, gerieben
Sellerieblätter, zum Garnieren

1 Den Sellerie putzen und auf Streichholzgröße stifteln. Mit Kreuzkümmel, Koriander, Knoblauch, Zwiebel und Pekannüssen mischen und in eine ofenfeste Form geben.

2 Brühe und Sahne mischen und über den Sellerie gießen. Mit Salz und Pfeffer abschmecken.

3 Brotkrümel und Käse mischen und auf den Sellerie streuen.

4 Im vorgeheizten Ofen (200 °C) 40 Minuten backen, bis der Sellerie gar und die obere Schicht knusprig ist. Mit den Sellerieblättern garnieren und sofort servieren.

VARIATION

Sie können, nach Belieben, auch Zucchini oder Karotten verwenden.

TIPP

Da Parmesan schnell sein Aroma verliert, ist es besser, nur bei Bedarf zu reiben. Wickeln Sie den Rest in Alufolie, und er wird sich problemlos mehrere Monate im Kühlschrank halten.

1

2

3

Pepperonata

Für 4 Personen

ZUTATEN

4 EL Olivenöl
1 Zwiebel, halbiert und in feinen Ringen
2 rote Paprika, in dünnen Streifen
2 grüne Paprika,in dünnen Streifen
2 gelbe Paprika, in dünnen Streifen
2 Knoblauchzehen, zerdrückt
800 g Tomaten aus der Dose, abgetropft und in Stücken
2 EL gehackter Koriander
Salz und Pfeffer
2 EL schwarze Oliven, entsteint und gehackt

1 Das Öl in einer großen Pfanne erhitzen, die Zwiebel 5 Minuten unter Rühren schmoren, bis sie beginnt, braun zu werden.

2 Paprika und Knoblauch zugeben und weitere 3–4 Minuten schmoren.

3 Tomaten und Koriander einrühren, mit Salz und Pfeffer abschmecken. Einen Deckel auf die Pfanne setzen und die Gemüsestücke bei mäßiger Hitze für etwa 30 Minuten dünsten, bis die Flüssigkeit eingekocht ist.

4 Die Oliven einrühren und die Pepperonata sofort servieren.

VARIATION

Wenn Sie den ausgeprägten Koriandergeschmack nicht mögen, können Sie den Koriander durch glatte Petersilie ersetzen. Sie können auch grüne Oliven anstelle der schwarzen für das Gericht verwenden.

TIPP

Rühren Sie das Gemüse während der Kochzeit gelegentlich um, damit es nicht am Boden festbackt. Wenn die Flüssigkeit gegen Ende der Kochzeit nicht verdampft sein sollte, nehmen Sie den Deckel ab und kochen die Flüssigkeit auf diese Weise ein.

Frittierte Kartoffeln in Käse-Soufflé-Hülle

Für 6 Personen

ZUTATEN

900 g Kartoffeln, in großen Stücken
150 ml Crème double
75 g Gruyère, gerieben
1 Prise Cayennepfeffer
Salz und Pfeffer
2 Eiweiß
Öl zum Frittieren
gehackte glatte Petersilie und geriebener vegetarischer Käse, zum Garnieren

1 Die Kartoffeln 10 Minuten in Salzwasser kochen. Gut abgießen und mit Küchenpapier abtrocknen. Bis zur weiteren Verwendung beiseitestellen.

2 Crème double und Gruyère in einer großen Schüssel vermengen. Den Cayennepfeffer zugeben und mit Salz und Pfeffer abschmecken.

3 Das Eiweiß steif schlagen. Unter die Käsemischung heben, dabei darauf achten, dass alles gut vermischt wird.

4 Die Kartoffeln hineingeben, sodass sie von der Käsemischung ganz überzogen sind.

5 Das Frittieröl auf 180 °C erhitzen, sodass ein Brotwürfel darin innerhalb von 30 Sekunden braun wird. Die Kartoffeln mit einem Schaumlöffel aus der Käsemischung nehmen und im Öl 3–4 Minuten frittieren, bis sie goldbraun sind.

6 Auf einer Servierplatte anrichten und mit Petersilie und geriebenem Käse bestreuen. Servieren.

VARIATION

Geben Sie auch andere Gewürze wie geriebene Muskatnuss oder Currypulver in die Käse-Sahne-Mischung.

2

3

4

Bulgur-Pilaw

Für 4 Personen

ZUTATEN

75 g Butter oder Margarine
1 rote Zwiebel, halbiert und in Ringen
2 Knoblauchzehen, zerdrückt
350 g Bulgur
175 g Tomaten, entkernt und in Stücke gehackt
50 g Babymaiskolben, längs halbiert
75 g kleine Brokkoliröschen
850 ml Gemüsebrühe
2 EL klarer Honig
50 g Sultaninen
50 g Pinienkerne
1/2 TL Zimtpulver
1/2 TL gemahlener Kreuzkümmel
Salz und Pfeffer
Frühlingszwiebeln in Ringen, zum Garnieren

1 Die Butter oder Margarine in einer großen feuerfesten Kasserolle schmelzen.

2 Zwiebel und Knoblauch zufügen und 2–3 Minuten dünsten, dabei gelegentlich umrühren.

3 Bulgur, Tomaten, Maiskolben, Brokkoli und Gemüsebrühe zugeben und zum Kochen bringen. Die Hitze reduzieren und 15–20 Minuten kochen, dabei gelegentlich umrühren.

4 Honig, Sultaninen, Pinienkerne, Zimt und Kreuzkümmel einrühren sowie Salz und Pfeffer nach Belieben. Gut mischen. Die Kasserolle vom Herd nehmen, abdecken und 10 Minuten stehen lassen.

5 Den Pilaw in eine warme Servierschüssel füllen.

6 Mit den Frühlingszwiebeln garnieren und sofort servieren.

TIPP

Dieses Gericht muss 10 Minuten ruhen, damit der Bulgur zu Ende garen kann und sich die Aromen mischen.

Auflauf mit Karotten, Orangen & Mohn

Für 4 Personen

ZUTATEN

675 g Karotten, in dünnen Streifen
1 Stange Porree, in Ringen
300 ml Orangensaft, frisch gepresst
2 EL klarer Honig
1 Knoblauchzehe, zerdrückt
1 TL Fünf-Gewürze-Pulver
2 TL gehackter Thymian
Salz und Pfeffer
1 EL Mohnsamen
frische Thymianzweige und Orangenschale, zum Garnieren

1 Karotten und Porree in Salzwasser 5–6 Minuten kochen. Gut abgießen und in eine flache Auflaufform geben. Beiseitestellen.

2 Orangensaft, Honig, Knoblauch, Fünf-Gewürze-Pulver und Thymian mischen und zum Gemüse geben. Mit Salz und Pfeffer abschmecken.

3 Die Auflaufform zudecken und im vorgeheizten Ofen (180 °C) 30 Minuten backen, bis die Gemüsestücke gar sind.

4 Mit den Mohnsamen bestreuen. Mit Thymianzweigen und Orangenschale garnieren und servieren.

VARIATION

Wenn Sie mögen, können Sie 2 Teelöffel Kreuzkümmel anstelle der gemischten Gewürze verwenden und den Thymian weglassen.

TIPP

Statt des Orangensaftes können Sie Zitronen- oder Limettensaft verwenden und das Gericht entsprechend garnieren.

1

2

4

Bohnen auf griechische Art

Für 4 Personen

ZUTATEN

800 g weiße Bohnen aus der Dose, abgetropft
2 EL Olivenöl
4 Knoblauchzehen, zerdrückt
850 ml Gemüsebrühe
2 Lorbeerblätter
4 Zweige Oregano
2 EL Tomatenmark
Saft von 2 Zitronen
2 kleine rote Zwiebeln, gehackt
50 g schwarze Oliven, entsteint und halbiert
Salz und Pfeffer

1 Die Bohnen in eine feuerfeste Kasserolle geben.

2 Olivenöl und Knoblauch zugeben und bei mäßiger Hitze unter gelegentlichem Rühren 4–5 Minuten kochen.

3 Brühe, Lorbeerblätter, Oregano, Tomatenmark, Zitronensaft und Zwiebeln zugeben, abdecken und etwa 1 Stunde köcheln lassen, bis die Sauce eindickt.

4 Die Oliven zugeben, mit Salz und Pfeffer abschmecken und servieren.

TIPP

Dieses Gericht können Sie vorbereiten und kalt servieren – am besten zusammen mit knusprig aufgebackenem Brot.

VARIATION

Sie können auch andere Bohnen aus der Dose verwenden – versuchen Sie beispielsweise Cannellini- oder Augenbohnen, grüne Bohnen oder Kichererbsen. Vergessen Sie nicht, die Bohnen gut abzugießen, da der Flüssigkeit oftmals Salz oder Zucker zugefügt wurde.

Auberginen süß-sauer

Für 4 Personen

ZUTATEN

- 2 große Auberginen
- 2 EL Olivenöl
- 4 Knoblauchzehen, zerdrückt
- 1 Zwiebel, geachtelt
- 4 große Tomaten, entkernt und in Stücken
- 3 EL gehackte Minze
- 150 ml Gemüsebrühe
- 4 TL brauner Zucker
- 2 EL Rotweinessig
- 1 getrocknete Chili, zerkleinert
- Salz und Pfeffer
- frische Minzezweige, zum Garnieren

1 Die Auberginen mit einem scharfen Messer in Würfel schneiden. In ein Sieb geben, mit Salz bestreuen und 30 Minuten stehen lassen. Gründlich unter fließendem kaltem Wasser abspülen und gut abtropfen lassen. So werden die Bitterstoffe aus den Auberginen geschwemmt. Mit Küchenpapier trocken tupfen.

2 Das Öl in einer großen Pfanne erhitzen und die Auberginen unter gelegentlichem Rühren 1–2 Minuten andünsten.

3 Knoblauch und Zwiebel zugeben und weitere 2–3 Minuten dünsten.

4 Tomaten, Minze und Brühe zugeben, den Topf abdecken und 15–20 Minuten kochen, bis die Gemüsestücke gar sind.

5 Zucker, Rotweinessig und Chili einrühren, mit Salz und Pfeffer abschmecken und noch 2–3 Minuten kochen. Mit den Minzezweigen garnieren und servieren.

TIPP

Minze ist in der arabischen Küche ein populäres Gewürz. Es lohnt sich, Minze selbst anzupflanzen, da sie in einer Vielzahl von vegetarischen Gerichten verwendet werden kann. Sie wächst gut in einem Blumentopf oder Balkonkasten.

1

3

4

Kleine Gemüse-Blätterteig-Taschen

Für 4 Personen

ZUTATEN

450 g Blätterteig
1 Ei, verquirlt

FÜLLUNG:
225 g Süßkartoffeln, gewürfelt
100 g kleine Spargelstangen
2 El Butter oder Margarine
1 Porreestange, in Ringen
2 Champignons, in Scheiben
1 TL Limettensaft
1 TL gehackter Thymian
1/2 TL Senf
Salz und Pfeffer

1 Den Teig zu vier Quadraten mit etwa 12,5 cm Seitenlänge ausrollen. Auf ein angefeuchtetes Backblech legen und in jedes Quadrat ein kleineres mit etwa 7,5 cm Seitenlänge einschneiden.

2 Mit dem Ei einpinseln und im vorgeheizten Ofen (200 °C) 20 Minuten backen, bis der Blätterteig aufgegangen und goldbraun ist.

3 Vorsichtig die mittleren Blätterteigquadrate ausschneiden (dabei in den größeren Quadraten einen Boden lassen) und beiseitelegen.

4 Für die Füllung die Süßkartoffeln 15 Minuten kochen, gut abgießen. Den Spargel 10 Minuten blanchieren, bis er weich ist. Abgießen und beiseitestellen.

5 Die Butter oder Margarine in einem Topf schmelzen, Porree und Champignons 2–3 Minuten dünsten. Limettensaft, Thymian und Senf zugeben, mit Salz und Pfeffer abschmecken. Mit den Kartoffeln und dem Spargel mischen. Füllung in die Blätterteigtaschen geben, mit den kleineren Blätterteigquadraten bedecken und sofort servieren.

TIPP

Verwenden Sie auch andere farbenfrohe Gemüsemischungen für dieses Rezept.

1

1

3

Auberginensalat

Für 4 Personen

ZUTATEN

1 große Aubergine
3 EL Tahin (Sesampaste)
Saft und Schale von 1 Zitrone
1 Knoblauchzehe, zerdrückt
1 Prise Paprikapulver
1 EL gehackter Koriander
Salz und Pfeffer
kleine Salatblätter
rote Paprikastreifen, Zitronenspalten und gerösteter Sesam, zum Garnieren

1 Die Aubergine halbieren, in ein Sieb legen und mit Salz bestreuen. Eine halbe Stunde stehen lassen, mit kaltem Wasser abspülen und gut abtropfen lassen. Mit Küchenpapier abtrocknen.

2 Die Auberginenhälften mit der Haut nach oben auf ein geöltes Backblech legen. Im vorgeheizten Ofen (230 °C) 10–15 Minuten backen. Aus dem Ofen nehmen und abkühlen lassen.

3 Die Aubergine in Würfel schneiden und beiseitestellen. Tahin, Zitronensaft und -schale, Knoblauch, Paprikapulver und Koriander mischen. Mit Salz und Pfeffer abschmecken und zu den Auberginenwürfeln geben.

4 Die Salatblätter auf einer Servierplatte anrichten und die Auberginenwürfel in die Mitte geben. Den Salat mit Paprikastreifen, Zitronenspalten und Sesam garnieren und servieren.

TIPP

Tahin ist eine Paste mit nussigem Geschmack, die in Bioläden und Reformhäusern erhältlich ist. Sie passt gut zu vielen arabischen Gerichten.

Salat mit Knoblauch-Joghurt-Dressing

Für 4 Personen

ZUTATEN

100 g Gurke, in Stiften
6 Frühlingszwiebeln, halbiert
3 Tomaten, entkernt und geachtelt
2 gelbe Paprika, in Streifen
2 Selleriestangen, in Streifen
12 Radieschen, geviertelt

100 g Rucola
1 EL gehackte Minze, zum Garnieren

DRESSING:
2 EL Zitronensaft
1 Knoblauchzehe, zerdrückt
150 g Naturjoghurt
2 EL Olivenöl
Salz und Pfeffer

1 Gurke, Frühlingszwiebeln, Tomaten, Paprika, Sellerie, Radieschen und Rucola in einer großen Schüssel mischen.

2 Für das Dressing Zitronensaft, Knoblauch, Joghurt und Olivenöl verrühren und mit Salz und Pfeffer abschmecken.

3 Das Dressing auf den Salat gießen und mit diesem mischen.

4 Den Salat mit der gehackten Minze bestreuen und servieren.

TIPP

Geben Sie das Dressing erst kurz vor dem Servieren an den Salat, sonst weicht er zu sehr auf.

TIPP

Rucola hat einen charakteristischen würzig-pfeffrigen Geschmack, der sich in grünen Salaten sehr gut macht. Wenn Sie ihn in Ihrem Garten oder Gewächshaus anbauen, werden Sie immer ausreichend zur Verfügung haben, da er sich überall aussät. Wenn Sie keinen Rucola bekommen können, ist Feldsalat ein guter Ersatz.

Salat mit Zucchini, Joghurt & Minze

Für 4 Personen

ZUTATEN

3 Zucchini, in Stiften
150 g grüne Bohnen, gedrittelt
2 grüne Paprika, in dünnen Streifen

3 Selleriestangen, in Scheiben
1½ Bund Brunnenkresse

DRESSING:
300 g Naturjoghurt
1 große Knoblauchzehe, zerdrückt
3 EL gehackte Minze
Pfeffer

1 Zucchini und Bohnen 7–8 Minuten in Salzwasser kochen. Abgießen und erkalten lassen.

2 Beides in einer großen Schüssel mit Paprika, Sellerie und Brunnenkresse mischen.

3 Für das Dressing Joghurt, Knoblauch und Minze in einer Schüssel mischen. Mit dem Pfeffer abschmecken.

4 Das Dressing auf den Salat geben und sofort servieren.

TIPP

Dieser Salat muss sofort nach Zufügen des Dressings serviert werden, da das Dressing andernfalls unten in der Schüssel zusammenfließt.

TIPP

Der frische pfeffrige Geschmack der Brunnenkresse macht sie zu einer köstlichen Komponente vieler Salate.

Salat mit Bohnen, Avocado & Tomaten

Für 4 Personen

ZUTATEN

1 Kopf Lollo Rosso
2 reife Avocados
2 TL Zitronensaft
4 mittelgroße Tomaten
1 Zwiebel
175 g gemischte Bohnen aus der Dose, abgetropft

DRESSING:
4 EL Olivenöl
1 Tropfen Chiliöl
2 EL Knoblauchweinessig
1 Prise feiner Zucker
1 Prise Chilipulver
1 EL gehackte Petersilie

1 Eine Servierschüssel mit den Salatblättern auslegen.

2 Die Avocados mit einem scharfen Messer in dünne Scheiben schneiden und mit dem Zitronensaft beträufeln.

3 Tomaten und Zwiebel in dünne Scheiben bzw. Ringe schneiden. Avocado, Tomaten und Zwiebeln auf den Salatblättern anrichten, dabei die Mitte der Schüssel frei lassen.

4 Die Bohnen in der Mitte anrichten. Die Zutaten für die Sauce mit einem Schneebesen verquirlen. Das Dressing auf den Salat geben und servieren.

TIPP

Anstatt die Sauce mit einem Schneebesen anzurühren, können Sie auch alle Zutaten in ein Glas mit Schraubdeckel geben und schütteln. Überschüssige Sauce kann dann im Glas aufbewahrt werden.

TIPP

Der Zitronensaft wird auf die Avocados geträufelt, damit diese bei Luftkontakt nicht braun werden. Aus diesem Grund sollte der Salat auch relativ zügig vorbereitet, gemischt und serviert werden.

Gado Gado

Für 4 Personen

ZUTATEN

150 g Weißkohl, in schmalen Streifen
150 g grüne Bohnen, gedrittelt
150 g Karotten, in Stiften
150 g Blumenkohlröschen
150 g Bohnensprossen

DRESSING:
150 ml Pflanzenöl
150 g ungesalzene Erdnüsse
3 Knoblauchzehen, zerdrückt
1 Zwiebel, fein gehackt
1/2 TL Chilipulver
1/2 TL brauner Zucker
1 Prise Salz
600 ml Wasser
Saft von 1/2 Zitrone
Frühlingszwiebeln, in Ringen, zum Garnieren

1 Die Gemüse einzeln jeweils 4–5 Minuten in Salzwasser kochen, gut abgießen und abkühlen lassen.

2 Für das Dressing das Öl in einer Pfanne erhitzen und die Erdnüsse 3–4 Minuten anrösten, dabei wenden.

3 Die Erdnüsse mit einem Schaumlöffel aus der Pfanne nehmen und auf Küchenpapier legen, damit das Öl aufgesaugt wird. Die Nüsse in der Küchenmaschine pürieren oder mit einem Mörser zu einer feinen Masse zermahlen.

4 Das Öl bis auf 1 Teelöffel aus der Pfanne gießen, Knoblauch und Zwiebel darin 1 Minute andünsten. Chilipulver, Zucker, Salz und Wasser zugeben und zum Kochen bringen.

5 Die Erdnüsse zugeben. Die Hitze reduzieren und 4–5 Minuten köcheln lassen, bis die Sauce andickt. Den Zitronensaft zugeben und kalt werden lassen.

6 Die Gemüse in einer Servierschüssel anrichten und das Erdnussdressing in die Mitte geben. Garnieren und servieren.

3

5

6

Salat aus Grillgemüse mit Senfdressing

Für 4 Personen

ZUTATEN

1 Zucchini, in Scheiben
1 gelbe Paprika, in Streifen
1 Aubergine, in Scheiben
1 Fenchelknolle, geachtelt
1 rote Zwiebel, geachtelt
3 EL Olivenöl
1 Knoblauchzehe, zerdrückt

16 Kirschtomaten
frische Rosmarinzweige, zum Garnieren

DRESSING:
4 EL Olivenöl
2 EL Balsamessig
2 TL gehackter Rosmarin
1 TL Dijonsenf
1 TL klarer Honig
2 TL Zitronensaft

1 Alle Gemüsestücke bis auf die Kirschtomaten auf ein Backblech legen.

2 Öl und Knoblauch mischen und die Gemüsestücke damit einpinseln. Unter dem Grill 10 Minuten rösten, bis die Gemüsestücke gar sind und anfangen, schwarz zu werden. Abkühlen lassen und in eine Servierschüssel geben.

3 Die Zutaten für das Dressing mischen und dieses über die Gemüsestücke gießen. Die Kirschtomaten zugeben. Abdecken und eine Stunde kühlen. Garnieren und servieren.

TIPP

Dieses Gericht kann auch warm serviert werden – erwärmen Sie das Dressing in einem Topf.

TIPP

Balsamessig wird im italienischen Modena hergestellt. Er ist sanft und hat einen süßsauren Geschmack. Er ist zwar relativ teuer, doch Sie brauchen nur eine kleine Menge, um dem Dressing ein wunderbares Aroma zu verleihen. Wenn Sie keinen Balsamessig bekommen können, verwenden Sie Sherry- oder Weißweinessig.

2

2

3

Rotkohl-Birnen-Salat

Für 4 Personen

ZUTATEN

350 g Rotkohl, in feinen Streifen
2 süße Birnen, in dünnen Scheiben
4 Frühlingszwiebeln, in Ringen
Lollo-Biondo-Blätter
1 Karotte, geraspelt
frischer Schnittlauch, zum Garnieren

DRESSING:
4 EL Birnensaft
1 TL körniger Senf
3 EL Olivenöl
1 EL Knoblauchweinessig
1 EL gehackter Schnittlauch

1 Kohl, Birnen und Frühlingszwiebeln in einer Schüssel mischen.

2 Eine Servierschüssel mit den Lollo-Biondo-Blättern auslegen und die Kohl-Birnen-Mischung in die Mitte geben.

3 Die Karottenraspel im Zentrum anhäufen.

4 Für das Dressing Birnensaft, Senf, Olivenöl, Essig und Schnittlauch mischen.

5 Das Dressing auf den Salat gießen, garnieren und sofort servieren.

VARIATION

Experimentieren Sie mit Blättern unterschiedlicher Salatsorten. Der leicht bittere Geschmack von Chicorée oder Endiviensalat passt ebenfalls gut zu den süßen Birnen.

TIPP

Mischen Sie den Salat erst kurz vor dem Servieren, um zu vermeiden, dass der Rotkohl auf die anderen Zutaten rot abfärbt.

1

2

3

Salat mit Alfalfa, Rote Bete & Spinat

Für 4 Personen

ZUTATEN

100 g junger Spinat
75 g Alfalfasprossen
2 Selleriestangen, in Scheiben
4 Rote Bete, gekocht und geachtelt

DRESSING:
4 EL Olivenöl
1 1/2 EL Knoblauchweinessig
1 Knoblauchzehe, zerdrückt
2 TL klarer Honig
1 EL gehackter Schnittlauch

1 Spinat und Alfalfasprossen in einer großen Schüssel mischen.

2 Den Sellerie zugeben und gut mischen.

3 Die Rote Bete zufügen und untermischen.

4 Für das Dressing Öl, Essig, Knoblauch, Honig und Schnittlauch mischen.

5 Das Dressing auf den Salat gießen, mischen und servieren.

TIPP

Wenn die Spinatblätter zu groß sind, zerreißen Sie sie statt sie zu zerschneiden, da dies die Blätter beschädigt.

TIPP

Alfalfasprossen sollten im Supermarkt oder Bioladen erhältlich sein, verwenden Sie ansonsten Bohnensprossen.

VARIATION

Geben Sie Orangenstücke in den Salat, um diesen farbenfroher und erfrischender zu gestalten. Sie können statt Olivenöl und Knoblauchessig auch einen nicht aromatisierten Essig und ein aromatisiertes Öl verwenden.

Desserts

Ob Vegetarier oder nicht – Puddingliebhaber sind der Meinung, dass eine Mahlzeit ohne Dessert unvollständig ist. Desserts befriedigen das innere Bedürfnis nach etwas Süßem und sorgen dafür, dass wir uns gut fühlen. Durch ihren hohen Anteil an Fett und Zucker sind sie aber oft Kalorienbomben. Einige der Rezepte in diesem Kapitel stellen deshalb die perfekte Alternative dar – sie sind leicht, aber sehr aromatisch, sodass Sie ein süßes Extra genießen können, ohne Ihre schlanke Linie zu gefährden.

Dieses Kapitel enthält eine wundervolle Auswahl unwiderstehlicher Nachspeisen, bestens geeignet, eine stilvolle Mahlzeit abzurunden. Es gibt fantastische Früchtecremes, Kuchen, Tartes mit exotischen Früchten und zeitlose Lieblingsspeisen wie Schokoladen-Käsekuchen und Biskuits. Statt Sahne und Milch können vegetarische Alternativen verwendet werden, und in Desserts, die fest werden müssen, wird vegetarische Gelatine (Agar-Agar) verwendet. Wählen Sie nach Ihrem Geschmack und genießen Sie eine köstliche Nachspeise!

Himbeercreme

Für 4 Personen

ZUTATEN

300 g frische Himbeeren
50 g Puderzucker
300 ml Crème fraîche, und ein wenig Crème fraîche, zum Garnieren
3 Tropfen Vanillearoma
2 Eiweiß
Himbeeren und einige Blätter Zitronenmelisse, zum Garnieren

1 Himbeeren und Puderzucker in einer Küchenmaschine pürieren.

2 Pro Portion 1 Esslöffel Crème fraîche zum Garnieren aufbewahren.

3 Vanillearoma und Crème fraîche in eine Schüssel geben, die Himbeermischung einrühren.

4 Das Eiweiß steif schlagen und mit einem Metalllöffel vorsichtig unter die Himbeermischung heben, dabei darauf achten, dass sie gut untergemischt werden.

5 Die Creme in Servierschälchen geben und mindestens 1 Stunde kühl stellen. Mit der zurückbehaltenen Crème fraîche, Himbeeren und Zitronenmelisseblättern garnieren und servieren.

TIPP

Crème fraîche ist in der Regel vegetarisch, enthält aber manchmal Gelatine. Prüfen Sie daher die Liste der Inhaltsstoffe auf der Packung.

TIPP

Dieser Nachtisch ist zwar zur Himbeersaison am besten, doch auch mit Tiefkühlhimbeeren aus dem Supermarkt kann ein akzeptables Ergebnis erzielt werden.

VARIATION

Dieses Rezept ist mit Erdbeeren oder Brombeeren auch sehr köstlich.

1

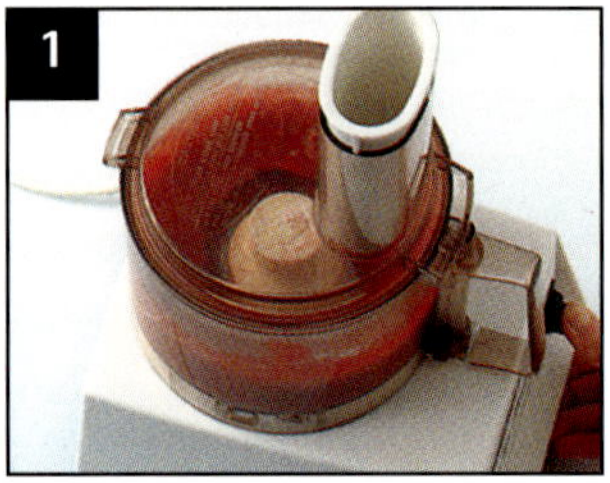

3

4

Käsekuchen mit Beeren

Für 8 Personen

ZUTATEN

BODEN:
75 g Margarine
175 g Haferkekse
50 g Kokosraspel

BELAG:
3 TL Agar-Agar
9 EL kaltes Wasser
125 ml Kondensmilch
1 Ei
6 EL brauner Zucker
450 g weicher Frischkäse

350 g gemischte Beeren
2 EL klarer Honig

1 Die Margarine in einem Topf schmelzen. Kekse in einer Küchenmaschine zerkleinern oder in einem Mörser fein zerkrümeln. Mit Margarine und Kokosraspeln verrühren.

2 Den Boden einer Springform (Durchmesser ca. 20 cm) mit Backpapier belegen, die Mischung hineingeben und kühl stellen, während der Belag vorbereitet wird.

3 Für den Belag Agar-Agar in Wasser auflösen. 2 Minuten kochen und abkühlen lassen.

4 Kondensmilch, Ei, Zucker und Käse in einer Schüssel zu einer glatten Mischung verschlagen. 50 g der Beerenmischung hineingeben. Agar-Agar in einem dünnen Strahl unter ständigem Rühren zugeben, bis es sich vollständig mit den übrigen Zutaten vermischt hat.

5 Die Mischung auf den Boden geben und zwei Stunden im Kühlschrank steif werden lassen.

6 Den Käsekuchen aus der Springform auf einen Servierteller legen. Die Beeren daraufgeben und den Honig darüberträufeln. Servieren.

TIPP

Erwärmen Sie den Honig ein wenig, sodass er sich leichter träufeln lässt.

3

4

5

Kaffeebiskuit mit Sauce

Für 4 Personen

ZUTATEN

2 EL Margarine
2 EL brauner Zucker
2 Eier
50 g Mehl
3/4 TL Backpulver

6 EL Milch
1 TL Kaffeepulver

SAUCE:
300 ml Milch
1 EL brauner Zucker
1 TL Kakaopulver
2 EL Speisestärke
4 EL kaltes Wasser

1 Eine hitzebeständige Puddingform oder -schüssel (Inhalt ca. 600 ml) leicht einfetten. Margarine und Zucker schaumig rühren und die Eier unterschlagen.

2 Mehl und Backpulver nach und nach einrühren, danach mit Milch und Kaffeepulver zu einem glatten Teig verarbeiten.

3 Die Mischung in die Puddingform geben und zuerst mit einem über den Rand geschlagenen Stück Papier, dann mit einem ebenfalls umgeschlagenen Stück Alufolie bedecken und mit einer Schnur festbinden. In einen halb mit kochendem Wasser gefüllten großen Topf setzen, abdecken und 1–1 1/4 Stunden dämpfen, bis der Pudding gar ist.

4 Für die Sauce Milch, Zucker und Kakaopulver in einem Topf erhitzen, bis der Zucker sich auflöst. Speisestärke mit Wasser verrühren und in die Mischung einrühren. Unter Rühren zum Kochen bringen, bis die Masse andickt. Bei mäßiger Hitze 1 Minute kochen.

5 Den Pudding auf eine Servierplatte stürzen und die Sauce darübergießen. Servieren.

TIPP

Der Pudding wird mit Papier und Alufolie abgedeckt, damit er aufgeht. Die Alufolie reagiert auf den Dampf und darf deshalb den Pudding nicht berühren.

1

2

3

Fruit Brûlée

Für 4 Personen

ZUTATEN

- 4 Pflaumen, entsteint und in Scheiben
- 2 Äpfel, geschält und in Scheiben
- 2 EL Wasser
- 1 TL Ingwer, gerieben
- 600 g griechischer Joghurt
- 2 EL Puderzucker
- 5 Tropfen Mandelaroma
- 75 g Demerara-Zucker

1 Pflaumen und Äpfel mit dem Wasser 7–10 Minuten weich kochen, aber nicht zerfallen lassen. Abkühlen lassen und den Ingwer einrühren.

2 Die Obststücke mit einem Schaumlöffel in eine flache Servierform geben.

3 Joghurt, Puderzucker und Mandelaroma verrühren und über die Früchte geben, sodass diese vollständig bedeckt sind.

4 Den Demerara-Zucker auf den Joghurt streuen und 3–4 Minuten unter den heißen Grill stellen, bis der Zucker sich aufgelöst hat und eine Kruste bildet. 1 Stunde in den Kühlschrank stellen, dann servieren.

VARIATION

Die Früchte können Sie je nach Saison variieren – versuchen Sie es mit frischen Aprikosen oder Pfirsichen. Sie können auch 400 g Fruchtcocktail aus der Dose verwenden.

TIPP

Sie können ebensogut eine Variante mit Beeren ausprobieren. Diese Früchte sollten Sie aber nicht pochieren.

Birnenkuchen

Für 8 Personen

ZUTATEN

Margarine, zum Einfetten
4 Birnen, geschält und entkernt
2 EL Wasser
200 g Mehl
2 TL Backpulver
100 g brauner Zucker
4 EL Milch
2 EL klarer Honig, und Honig zum Beträufeln
2 TL Zimtpulvcr
2 Eiweiß

1 Eine Kuchenform (Durchmesser ca. 20 cm) einfetten und mit Backpapier auslegen.

2 1 Birne mit dem Wasser in der Küchenmaschine pürieren, bis die Mischung fast glatt ist. In eine Schüssel geben.

3 Mehl und Backpulver einsieben. Zucker, Milch, Honig und Zimt zugeben und gut mit den Fingern mischen.

4 Zwei weitere Birnen in Stücke schneiden und zur Mischung geben.

5 Das Eiweiß steif schlagen und vorsichtig unter die Mischung heben, dabei darauf achten, dass sich alles gleichmäßig vermischt.

6 Die restliche Birne in Scheiben schneiden und in Fächerform auf den Boden der Kuchenform legen.

7 Die Teigmischung daraufgeben und im vorgeheizten Ofen (150 °C) 1¼–1½ Stunden backen, bis der Kuchen gar ist.

8 In der Form 10 Minuten abkühlen lassen.

9 Den Kuchen auf ein Rost stürzen und mit Honig beträufeln. Abkühlen lassen und in Stücken servieren.

Früchtebrot mit Nüssen

Ergibt 1 Laib

ZUTATEN

- 225 g Weizenmehl, und etwas Mehl zum Bestäuben
- ½ TL Salz
- 1 EL Margarine, und etwas Margarine zum Einfetten
- 2 EL brauner Zucker
- 100 g Sultaninen
- 50 g getrocknete Aprikosen, gehackt
- 50 g Haselnüsse, gehackt
- 2 TL Trockenhefe
- 6 EL Orangensaft
- 6 EL Naturjoghurt
- 2 EL Aprikosenmarmelade

1 Mehl und Salz in eine Schüssel sieben. Margarine flöckchenweise hineingeben. Zucker, Sultaninen, Aprikosen, Nüsse und Trockenhefe zugeben.

2 Den Orangensaft in einem Topf erwärmen, aber nicht kochen lassen.

3 Warmen Orangensaft und Joghurt zur Mehlmischung geben und zu einem Teig mischen.

4 Den Teig auf einer leicht mit Mehl bestäubten Oberfläche 5 Minuten kneten, bis er weich und elastisch ist. Zu einem Laib formen und auf ein leicht gefettetes Backblech setzen. Mit einem sauberen Tuch bedecken und an einem warmen Ort auf das Doppelte seiner ursprünglichen Größe aufgehen lassen.

5 Im vorgeheizten Ofen (220 °C) 35–40 Minuten backen. Auf einem Rost mit der Aprikosenmarmelade einpinseln. Vor dem Servieren abkühlen lassen.

TIPP

Klopfen Sie auf die Unterseite des Laibs – wenn er hohl klingt, ist das Brot fertig.

VARIATION

Sie können die Haselnüsse durch gehackte Walnüsse, Mandeln und andere Nusssorten ersetzen.

1

2

4

Gemischter Frucht-Crumble

Für 4 Personen

ZUTATEN

2 Mangos, in Scheiben
1 Papaya, entkernt und in Scheiben
225 g frische Ananas, gewürfelt
$1\frac{1}{2}$ TL Ingwerpulver
100 g Margarine
100 g brauner Zucker
175 g Mehl
50 g Kokosraspel
Kokosraspel, zum Garnieren

1 Die Früchte mit $\frac{1}{2}$ Teelöffel Ingwerpulver, 25 g Margarine und 50 g Zucker in einen Topf geben. Bei mäßiger Hitze 10 Minuten kochen, bis die Früchte weich werden. In eine flache ofenfeste Form geben.

2 Mehl und übriges Ingwerpulver mischen. Margarine flöckchenweise zugeben, bis die Mischung Brotkrümeln ähnelt. Mit restlichem Zucker und Kokosraspeln verrühren und die Früchte damit vollständig bedecken.

3 Den Crumble im vorgeheizten Ofen (180 °C) etwa 40 Minuten backen, bis die Oberfläche knusprig ist. Garnieren und servieren.

VARIATION

Papayas haben eine gelb-orange Schale und sollten auf sanften Druck nachgeben.

VARIATION

Verwenden Sie andere Früchte, wie Pflaumen, Äpfel oder Brombeeren und geben Sie statt Kokosraspel gehackte Nüsse zu.

Brotpudding mit Herbstfrüchten

Für 4 Personen

ZUTATEN

900 g Brombeeren, Apfel- und Birnenstücke
150 g brauner Zucker
1 TL Zimt
100 ml Wasser
225 g Weißbrot, in dünnen Scheiben und ohne Kruste

1 Die Früchte in einem großen Topf mit Zucker, Zimt und Wasser mischen und zum Kochen bringen. Die Hitze reduzieren und 5–10 Minuten köcheln lassen, sodass die Fruchtstücke weich, aber noch nicht zerfallen sind.

2 Eine Puddingschüssel (ca. 850 ml Inhalt) mit den Brotscheiben auslegen. Es dürfen keine Spalten zwischen den einzelnen Brotstücken sein.

3 Die Fruchtmasse in die Schüssel geben und mit dem übrigen Brot bedecken. Die Schüssel sollte bis ganz zum Rand gefüllt sein.

4 Einen Teller auf die Schüssel legen und beschweren. Über Nacht im Kühlschrank kalt stellen.

5 Auf einen Servierteller stürzen und sofort servieren.

TIPP

Stellen Sie die Puddingschüssel im Kühlschrank auf einen Teller, da der Fruchtsaft überlaufen kann.

TIPP

Dieser Pudding passt besonders gut zu Vanilleeis, das mit dem herben Geschmack der Brombeeren hervorragend kontrastiert.

Frittierte Apfelstücke mit Mandelsauce

Für 4 Personen

ZUTATEN

100 g Mehl
1 Prise Salz
1/2 TL gemahlener Zimt
12 EL warmes Wasser
4 TL Pflanzenöl
2 Eiweiß
2 geschälte Äpfel

Pflanzen- oder Sonnenblumenöl zum Frittieren
feiner Zucker und Zimtpulver, zum Garnieren

SAUCE:
150 g Naturjoghurt
3 Tropfen Mandelaroma
2 TL klarer Honig

1 Mehl und Salz in eine Rührschüssel geben.

2 Den Zimt zufügen und gut mischen. Wasser und Öl einrühren, sodass ein glatter Teig entsteht.

3 Das Eiweiß steif schlagen und unter den Teig heben.

4 Die Äpfel in Stücke schneiden und in den Teig tauchen.

5 Das Frittieröl auf 180 °C erhitzen, sodass ein Brotwürfel darin innerhalb von 30 Sekunden braun wird. Die Apfelstücke portionsweise 3–4 Minuten frittieren, bis sie goldbraun sind.

6 Mit einem Schaumlöffel aus dem Öl nehmen und auf Küchenpapier trocknen.

7 Zucker und Zimt mischen und auf die frittierten Obststücke streuen.

8 Die Zutaten für die Sauce mischen und dazu servieren.

VARIATION

Auch Bananen- oder Ananasstücke lassen sich wunderbar frittieren.

Kirschpfannkuchen

Für 4 Personen

ZUTATEN

FÜLLUNG:
400 g entsteinte Kirschen mit Kirschsaft
3 Tropfen Mandelaroma
1/2 TL Lebkuchen-Gewürzmischung
2 EL Speisestärke

PFANNKUCHEN:
100 g Mehl
1 Prise Salz
2 EL gehackte Minze
1 Ei
300 ml Milch
Pflanzenöl zum Braten

Puderzucker und geröstete Mandelblättchen, zum Garnieren

1 Kirschen und 300 ml Kirschsaft mit Mandelaroma und Würzmischung in einen Topf geben. Speisestärke einrühren und die Mischung zum Kochen bringen, rühren, bis sie dick und klar geworden ist. Beiseitestellen.

2 Für die Pfannkuchen Mehl und Salz in eine Schüssel sieben. Die Minze zugeben und eine Vertiefung in die Mitte drücken. Ei und Milch nach und nach zugeben und zu einem glatten Teig verrühren.

3 1 Esslöffel Öl in einer Pfanne (18 cm Durchmesser) erhitzen; das heiße Öl ausgießen. Gerade genug Teig in die Pfanne geben, dass der Boden bedeckt ist, und 1–2 Minuten backen. Den Pfannkuchen wenden und 1 weitere Minute backen. Warm stellen. Die anderen 3 Pfannkuchen auf dieselbe Weise backen.

4 Jeweils ein Viertel der Kirschfüllung auf die Pfannkuchen geben und sie zu Hörnchen rollen. Den Puderzucker mit den Mandeln mischen und darüberstreuen. Servieren.

VARIATION

Statt aus Kirschen können Sie die Füllung aus Stachel- oder Brombeeren zubereiten.

Zitronen-Limetten-Syllabub

Für 4 Personen

ZUTATEN

50 g feiner Zucker
Zitronenzesten und Saft von 1 kleinen Zitrone
Limettenzesten und Saft von 1 kleinen Limette
50 ml Marsala oder halbtrockener Sherry
300 ml Crème double
Limetten- und Zitronenzesten, zum Garnieren

1 Zucker, Fruchtsäfte und -schalen sowie Marsala in einer Schüssel gut mischen und 2 Stunden ziehen lassen.

2 Crème double zugeben und schlagen, bis die Mischung weiche Spitzen bildet.

3 In langstielige Gläser füllen und 2 Stunden in den Kühlschrank stellen.

4 Mit den Limetten- und Zitronenzesten garnieren und servieren.

VARIATION

Wenn Zitrone und Limette durch zwei Orangen ersetzt werden, ergibt sich ein anderer Zitrusgeschmack.

TIPP

Servieren Sie Florentiner ohne Schokolade zum Syllabub. Wenn Sie die Crème double zugeben, schlagen Sie sie nicht zu stark, sie könnte gerinnen.

TIPP

Ersetzen Sie die Crème double durch Naturjoghurt, das ist gesünder. Oder mischen Sie halb und halb. Schlagen Sie aber in diesem Fall zunächst die Crème double, bevor Sie den Joghurt zugeben.

Bananen-Mango-Tarte

Für 4 Personen

ZUTATEN

TEIG:
1 fertiger Tortenboden (20 cm Durchmesser)

FÜLLUNG:
2 kleine reife Bananen
1 Mango, in Scheiben
3 1/2 EL Speisestärke
50 g Demerara-Zucker
300 ml Sojamilch
150 ml Kokosmilch
5 Tropfen Vanillearoma
geröstete Kokosraspel, zum Garnieren

1 Die Bananen in Scheiben schneiden und eine Hälfte mit der Hälfte der Mangoscheiben auf dem Tortenboden anrichten.

2 Speisestärke und Zucker in einem Topf mischen. Soja- und Kokosmilch langsam einrühren und bei niedriger Hitze aufkochen, dabei rühren, bis die Mischung andickt.

3 Vanillearoma einrühren und die Mischung über die Früchte gießen.

4 Die übrigen Früchte daraufschichten und mit den Kokosraspeln bestreuen. Vor dem Servieren 1 Stunde kalt stellen.

TIPP

Wenn Sie die Bananen in Scheiben schneiden, setzen Sie das Messer schräg an, um größere Scheiben zu erhalten. Sie sehen außerdem attraktiver aus.

TIPP

Wählen Sie Mangos mit einer glänzenden und nicht beschädigten Schale. Um zu prüfen, ob sie reif sind, drücken Sie die Mango leicht in der Hand – sie sollte dem Druck ein wenig nachgeben.

1

2

3

Chocolate Fudge Pudding

Für 4 Personen

ZUTATEN

50 g Margarine, und Margarine zum Einfetten
75 g brauner Zucker
2 Eier
350 ml Milch
50 g Walnüsse, gehackt
40 g Mehl
2 EL Kakaopulver
Puderzucker und Kakaopulver, zum Garnieren

1 Eine ofenfeste Form (Inhalt 1 l) einfetten.

2 Margarine und Zucker schaumig rühren. Die Eier hineinschlagen.

3 Die Milch nach und nach zugeben, danach die Walnüsse.

4 Mehl und Kakaopulver in die Mischung sieben und mit einem Metalllöffel vorsichtig unterheben, bis sich alle Zutaten gut vermischt haben.

5 Die Mischung in die ofenfeste Form geben und im vorgeheizten Ofen (180 °C) 35–40 Minuten backen.

6 Mit Puderzucker und Kakaopulver bestäuben und servieren.

VARIATION

Fügen Sie der Mischung 1–2 Esslöffel Brandy oder Rum zu oder 1–2 Esslöffel Orangensaft für einen kindgerechten Pudding.

TIPP

Servieren Sie den Pudding zusammen mit Crème fraîche – eine üppige Nachspeise!

Register